任性出版

節稅的布局

有錢人、薪水族都需要

搞懂 所得稅、遺產稅、贈與稅與房地合一稅，你可以合法的少繳稅，甚至一輩子不繳稅。

信達聯合會計師事務所所長、
台灣創速加速器合夥人暨財務長

胡碩勻——著

關於節稅，
你想知道的問題速查表

一個月賺多少錢的人，
才需要繳稅呀？
（見 100 頁）

我薪水一個月才 22K，這樣根
本不用理會 5 月的報稅吧？
（見 101 頁）

我父母都過世了，也
沒兄弟姊妹，萬一我
掛了，我的錢歸誰？
（見 121 頁）

我媽只想把財產留給兒子，
不想留給我這個女兒，很氣
她重男輕女，但能怎麼辦？
（見 129 頁）

今年報稅的最新免稅
額和扣除額速查表
（見 37 頁）

哪些收據可以抵稅？哪
些不能？植牙可以嗎？
點光明燈可以嗎？
（見 39 頁）

我下個月好多演講，鐘點費要算薪資所得還是執行業務所得才划算？
（見 75 頁）

我投資不少海外基金，基金配發的股利或股息要繳稅嗎？
（見 91 頁）

有多少財產的人，才需要關心遺產稅？
（見 141 頁）

我有很多股票，每年股利不少，是要用合併計稅還是分開計稅較好？另外，聽說也可用公司持有股票節稅？
（見 96 頁）

我爸很早就過世，我是爺爺養大的。現在爺爺也走了，但大伯說我不能分爺爺的遺產，這是真的嗎？
（見 134 頁）

自從我中風，都是菲傭在照顧我，以後我走了，可以把遺產留給她嗎？
（見 117 頁）

女兒下個月要結婚了，我想送一棟房子給她當嫁妝，這樣算贈與嗎？
（見 168 頁）

兒子說要買房，但錢不夠，我幫他出 300 萬頭期款，剩下的貸款他自己繳，這是贈與嗎？還有，贈與稅要怎麼算？
（見 175 頁）

我有個 6 年的養老險快到期，差不多四百多萬，到期前想把受益人改成女兒，卻被保險顧問阻止，為什麼？
（見 189 頁）

我現在買房划算嗎？實價登錄及房地合一之後，到底對房價的影響有多大？
（見 235 頁）

聽說在臺灣，養車的稅金比養房還高，真是這樣嗎？
（見 223 頁）

很多朋友現在都把財產信託，信託到底有啥好處？
（見 193 頁）

薪水不夠用，我下班後有兼差，這筆收入要怎麼節稅？甚至不用繳稅？

（見 75 頁）

上網開店的收入，也就是營業額，需要繳稅嗎？

（見 60 頁）

我存錢買了間套房，花了一筆裝潢費、粉刷牆壁之後出租給學生。但裝修師傅沒開發票給我，我要怎麼扣除這筆開銷，才能讓稅金減少？

（見 81 頁）

我車子停在堤防外的停車場，颱風來被水淹了，這可以申請減稅嗎？

（見 47 頁）

公司送一輛車給我，為什麼我要繳稅？我朋友的老闆送她一輛車，為什麼就不必繳稅？

（見 61 頁）

朋友的父親中風之後，失去語言行動能力，有人建議他趁著父親在世趕緊辦理贈與或者過戶，說這樣可以省遺產稅。這辦法行得通嗎？

（見 112 頁）

第一章
讓錢流進來，再也不出去——
個人所得稅篇

第二章
把愛與錢一起傳下去——
遺產稅篇

第三章

喜歡嗎？送給你——
贈與稅及信託篇

第四章

有房斯有財,儘管政府要你萬萬稅——
不動產篇

各界推薦

「學做有錢人，就從布局節稅開始！」

——朱紀中，商周集團《Smart 智富》月刊社長

「想合法的少繳稅捐嗎？你可參閱本書。」

——呂志明，社團法人台灣省會計師公會名譽理事長

「一生必讀的理財經典。」

——余凱文，台灣創速創辦人、台灣投資人關係協會首席顧問

「繳稅人人有責，節稅人人有權。輕鬆搞懂節稅布局，讓你的錢長大，跟著名會計師學節稅，讓你的錢輕鬆變大。」

——林奇芬，理財教母、前《Money 錢》雜誌社長

「這是一本易讀實用的好書。」

——周行一，國立政治大學財務管理系教授

「一本大家都可以參考的稅務實用好書。」

——張士傑，政治大學風險管理與保險學系教授、
中國信託金融控股公司獨立董事

「這是一本淺顯易懂的節稅實用寶典！」

——郭維裕，政治大學教授、劍橋大學經濟博士

「看了《節稅的布局》，你能輕易搞懂如何合法的使稅後財富最大化。有錢人該看，上班族也該看，財務顧問師更該看！」

——梁天龍，保險行銷集團董事長

「投資，巴菲特說財報就像球賽的計分板，看不懂你就無法了解比賽。而理財，稅務規劃就是合法的創造財富，不懂規則，你輸在起跑點，也流失了金錢。胡碩勻有會計師和財務規劃師的雙重身分，讓節稅有了布局和規劃的意涵！」

——闕又上，理財暢銷書作家

前言
變有錢的第一步：稅後財富最佳化

世界上只有兩件事是不可避免的，那就是繳稅（Tax）和死亡（Death）。
　　　　——美國開國元勛班傑明‧富蘭克林（Benjamin Franklin）。

　　有一對情侶相約共享晚餐，就在兩人聊到綜合所得稅時，女方有點不太開心的問男方：「我去年年收入 80 萬，你的年收 100 萬，比我高 20 萬，為什麼我繳的稅反而比你多 800 元？」

收入多的人一定繳比較多嗎？

　　以上兩個人都是單純的薪資收入，年收入 100 萬的男生繳了 1.88 萬的綜所稅，年收入 80 萬的女生卻繳了 1.96 萬。為何年收入 100 萬的人繳的稅反而比較少？因為年收入 80 萬的女生在申報綜所稅時，選擇「標準扣除額」，而年收入 100 萬的男生，選擇「列舉扣除額」。

　　標準扣除額和列舉扣除額有什麼差別？為何會影響報稅的結果？我在後面的文章會介紹。總之，想要節省個人所得稅，最快的方法除了降低所得（但多數人不會這樣做），另一個就是增加扣除額，而增加扣除額的第一步，就是了解政府對於各項扣除額與免稅額的遊戲規則，這就是本書的主題：節稅的布局。

　　好幾年前，鴻海董事長郭台銘曾在股東會上主動表示，他今年薪水只領 1 元。媒體調查其他知名企業家後發現，除了郭董，已故前台塑董事長王永慶、聯華電子榮譽董事長曹興誠、奇美集團創辦人許文龍等，都是不支領薪水或領非常少的薪津。美國股神巴菲特（Warren Edward Buffett）與微軟聯合創始人比爾蓋茲（Bill Gates）也是如此。為什麼這些有錢的大老闆自願領這麼少的薪水？絕對不只是因為他們佛心，而是，有錢人節稅的布局。

為何要做稅務規劃？

　　英語的稅收（Tax）與死亡（Death）的音很接近，所以有人說：「人最怕的兩件事，就是 Death & Tax ！」為什麼繳稅這麼可怕，居然拿來跟死亡相比？因為幾乎沒有人喜歡繳稅，相信即使是國稅局的員工，也是如此。每個人領到月薪，就會依照自己的收入能力來消費，很少有人會特別留意一年多後，還要額外把一部分的收入繳給政府。俗話說：「放進口袋的錢就不會想拿出來了！」

先看看有錢家庭怎麼做？

　　根據美國財務顧問機構斯佩特蘭集團（Spectrem Group），每年針對 5,000 個有錢人家庭，調查他們關於財富的目標，結果如圖表 0-1：

　　從圖表 0-1 可以發現，即使是有錢人，對於人生的財富目標與憂慮，和一般人沒有太大的差別。即使他們坐擁千萬、億萬財富，

圖表 0-1　5,000 個有錢家庭的財富目標

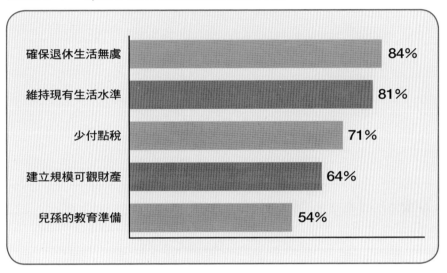

仍然希望退休生活無虞、繼續維持現有的生活水準，而且一樣重視小孩的教育發展。

　　許多人一定質疑，這些有錢人所賺的錢，不是三輩子都花不完嗎？怎麼還會擔心自己的退休生活？真相是，大多數的有錢人是企業家，對他們來說經營一個龐大的組織企業，所要面臨的風險很大，實在是如臨深淵、如履薄冰，連帶的他們對未來會發生的事，也充滿風險意識。

　　關於有錢人的五項財富目標中，唯一與普通人不相同的，就是「少付點稅」。已故經營之神王永慶曾說：「賺一塊錢不是賺，省一塊錢才是真正賺。你存下的錢，才是你的錢。」因為精打細算的聰明人，追求的不僅僅是財富最大化，更進一步是追求「稅後財富最佳化」。

不懂節稅，富就不過三代

現在假設有個家庭三代同堂，第一代賺了 10 億，他們不做任何稅務布局，以臺灣目前最重要的四種稅目：所得稅、贈與稅、遺產稅、土地增值稅，假設所得稅加土地增值稅合計課 20％、遺產贈與稅課 20％，以累計 40％的稅負成本計算，再傳承到第二代只剩下 6 億，其計算如下：

> 稅金＝所得或財產總額 × 稅率＝ 10 億 × 40％＝ 4 億
> 10 億－ 4 億＝ 6 億

到了第三代，再扣掉遺產贈與稅 20％的稅負成本，只剩下 4.8 億，其計算如下：

> 稅金＝財產總額 × 稅率＝ 6 億 × 20％＝ 1.2 億
> 6 億－ 1.2 億＝ 4.8 億

圖表 0-2　10 億的財產扣稅後留給子孫，誰才是最大贏家？

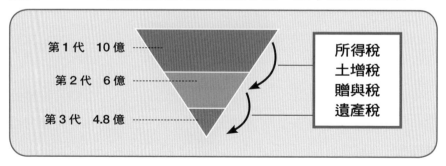

第 1 代　10 億

第 2 代　6 億

第 3 代　4.8 億

所得稅
土增稅
贈與稅
遺產稅

在這當中誰才是最大贏家？答案是政府。為什麼？因為第一代到第三代總共繳了稅金 5.2 億，而這些錢都被政府拿走了，其計算如下：

4 億＋ 1.2 億＝ 5.2 億

有錢人想的跟你哪裡不一樣？

同樣根據斯佩特蘭集團每年針對 5,000 個有錢家庭，調查他們資產的配置，結果如圖表 0-3。

這邊要說明一下，有價證券及私有事業的差異。假設你手中有鴻海的股票，對你來說這就是有價證券，但如果你是郭台銘，這些股票就屬於私有事業。也就是說，你持有的股票，正好是你正在經

圖表 0-3　5,000 個有錢家庭的資產配置

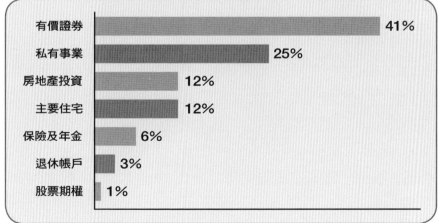

營的事業,即私有事業,其他公司的股票就應該當作有價證券。

股票期權是指大公司激勵員工所發行的可在一定期限內以事先約定的價格購買公司股票的權利;另外,限制性股票指公司按照預先確定的條件授予員工一定數量的公司股票,如工作年數或業績目標符合激勵計劃規定條件的,股票就會解鎖,即可以處置該股票。只要公司的股價上漲,員工就能有越高的獲利,即利潤共享的概念,就像以前竹科人就是靠這種股票期權成為電子新貴。

個人退休帳戶簡稱 IRA(Individual Retirement Account),是美國政府投資輔助工作的民眾享有稅賦優惠的儲蓄帳戶。這類似臺灣的勞工退休金,顧名思義指的是勞工退休後可以領取的退休金,在綜合所得來源類別中叫做退職所得(詳見第一章第 1 節)。

從上頁圖表 0-3 可知,有錢人的資產配置以 3 種類別最多:有價證券、私有事業、不動產,3 種類別的金額約各占三分之一。以臺灣來說,這 3 種財產近幾年應該關注的相應稅務有:

圖表 0-4　股票基金、私人事業、不動產對應的稅務

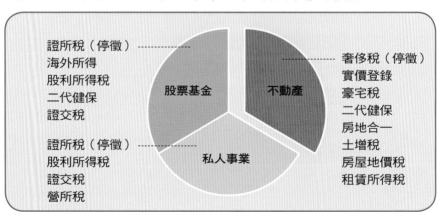

1. 股票基金（有價證券）：海外所得（最低稅負制）、證券交易所得稅（目前停徵）、股利所得稅、二代健保、證券交易稅等。

2. 私人事業（所營事業股票或資本）：證券交易所得稅（目前停徵）、股利所得稅、財產交易所得稅、二代健保、證券交易稅、營利事業所得稅等。

3. 不動產：土地增值稅、房屋稅、地價稅、租賃所得稅、奢侈稅（目前停徵）、實價登錄實價課稅、豪宅稅、房地合一稅、二代健保等。

看完有錢人的資產配置後，領薪水的上班族又該怎麼做？我們可以從現金流動（見下頁圖表 0-5），來思考相關的稅務議題，例如：現金的流動、使用、移轉、處分與再利用等。

關於節稅，薪水族該怎麼做？

事實上，臺灣很多有錢人理財規劃的首要重點，不在於增加資產，而是先想辦法少繳稅。關於節稅，有 3 大心態跟讀者分享：

1. 不管收入高或低，都要了解稅法的基本規定，不讓自己合法節稅的權益睡著。

2. 多學習有錢人怎麼節稅、看看有錢人跟你有什麼不一樣。

3. 該節的稅就盡量節，不用跟政府客氣！

我這幾年當會計師，遇到最多關於節稅與報稅問題，就是許多人不知道如何「合法」節稅。像是明明知道有列舉扣除額可以利用，

卻懶得蒐集憑證，用最簡單的標準扣除額，讓自己白白繳稅。

　　還有，搞不清楚扣除額中哪些可以扣、哪些不能扣，包含植牙、美白牙齒、坐月子可以列舉扣除嗎？社團入會費、或是去廟裡捐贈香油錢，甚至安太歲、點光明燈算不算捐贈？或是到底該捐多少錢給社福機構抵稅，才不會白白繳錢給政府……。

　　另外，若你的工作是講師或業務員，則搞不清楚自己的收入該

圖表 0-5　從現金的流動分析稅目

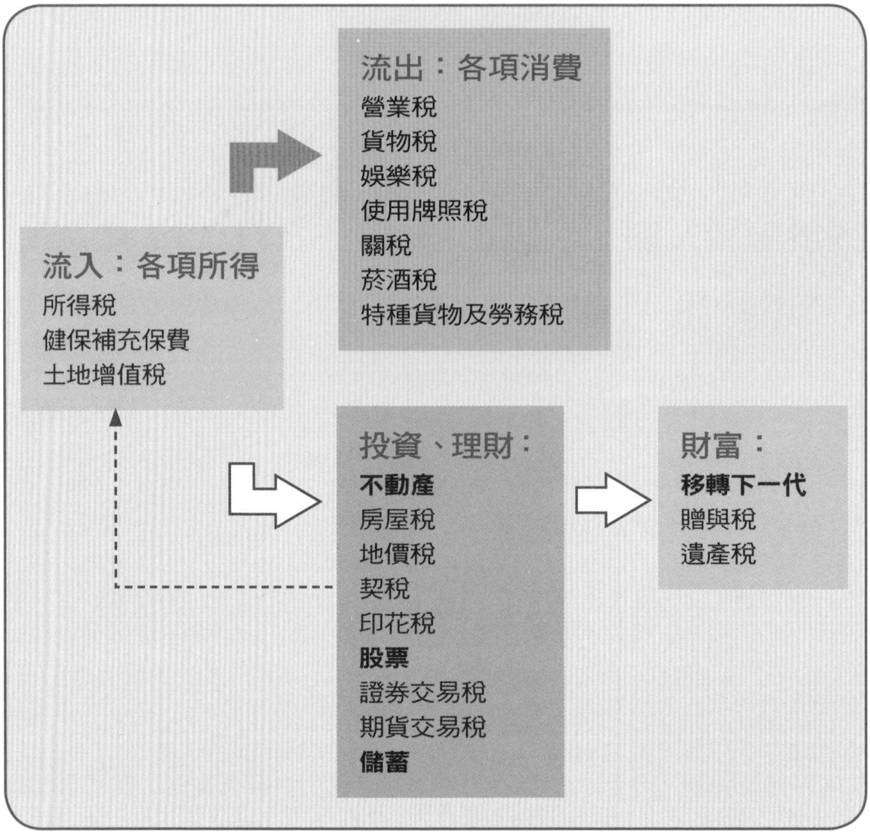

流出：各項消費
營業稅
貨物稅
娛樂稅
使用牌照稅
關稅
菸酒稅
特種貨物及勞務稅

流入：各項所得
所得稅
健保補充保費
土地增值稅

投資、理財：
不動產
房屋稅
地價稅
契稅
印花稅
股票
證券交易稅
期貨交易稅
儲蓄

財富：
移轉下一代
贈與稅
遺產稅

申報執行業務所得還是薪資所得；包租公、包租婆不知該如何節稅；經常國內外飛來飛去的人沒有就源扣繳的概念；股票族常問要用個人持有股票、還是用公司持有股票比較節稅等。

接下來，當年紀漸長、小孩大了，卻不知道該如何安全的把財富傳承下去。包括太晚才開始執行分年贈與；思慮不夠長遠，以為贈與不動產一定能節稅；誤以為生前拚命把錢匯至海外，國稅局一定查不到；生重病後，才擔心自己的財產要不要繳遺產稅，甚至為了節遺產稅就隨意搬錢，亂做規劃。

還有，等買賣房子之後，才知道有一生一次、一生一屋與重購退稅的優惠可以節稅；政府實施房地合一稅後，到底影響我們多少……。因此本書分成 4 大章節，各別為大家一一解析個人所得稅、遺產稅、贈與稅以及不動產等稅務重要規定，要用什麼策略及工具，才能有效節稅。我也在當中整理許多表格及案例，將原本繁雜難懂的稅法，透過故事來讓各位了解並應用，做好節稅的布局！

第一章

讓錢流進來，再也不出去
——個人所得稅篇

1

賺錢管道百百種，政府最愛這10種
〈綜合所得來源類別〉

　　曾聽聞 5 月的景氣及房市通常不太好，情侶也會減少出門約會的次數；也有人用「五窮六絕」來形容每年 5 月與 6 月的景氣，指一年 12 個月中，資訊硬體的產製、代工訂單、營收等方面，在 5 月及 6 月時會呈現最低迷的狀況，也就是所謂的淡季及度小月。

　　為什麼上述情況都在 5 月發生？原因恐怕都跟繳稅有關。5 月，是一年一度報所得稅的季節，民眾擔心繳了稅後荷包失血，連帶的不想消費與看屋，可見繳稅的影響力非常大。

　　在了解如何節稅之前，首先得認識綜合所得稅是什麼。產生所得的類別五花八門，《所得稅法》第 14 條將其歸類成以下 10 大類別（見下頁圖表 1-1）：

　　1. 營利所得：就是經營事業所獲利的所得，從自己獨立經營的獨資行號、跟人合夥的合夥事業盈餘，到開公司賺錢的股東盈餘分配（股利），甚至自己是股東卻沒實際參與經營決策的公司股利分配，都歸類成營利所得。

　　2. 執行業務所得：通常是師字輩經營事業的獲利所得，如會計師、律師、醫師、建築師等，很多都有 30% 左右的成本費用可以減除，第一章第 6 節有較詳盡的說明。

圖表 1-1　綜合所得 10 大來源

綜合所得類別	注意事項
1. 營利所得	股利、獨資合夥分配盈餘。
2. 執行業務所得	有成本費用可減除。
3. 薪資所得	勞工薪資自提 6% 免稅。
4. 利息所得	公債等分離課稅 10%。
5. 租賃及權利金所得	有成本費用可減除。
6. 自立耕作漁牧林礦的所得	有成本費用可減除。
7. 財產交易所得	房屋交易留意實價登錄。
8. 競技、競賽及機會中獎之獎金或給與	有成本可減除，分離課稅者不可減除。
9. 退職所得	有定額免稅金額。
10. 其他所得	有成本費用可減除。

3. 薪資所得：這就不用特別解釋了吧！最多人也是最基本的所得來源，就是薪資所得。

特別要提醒的是，公司在每個月發薪水給員工時，雇主最低必須提撥薪水的 6%，到每個人的勞工退休金帳戶（按：屬於勞退新制，即使未來該名勞工換工作，該帳戶也會一直跟著勞工，而帳戶金額屬於勞工所有，但必須年滿 60 歲才能領出來，最新規定可上勞保局網站查詢）。除此之外，員工還可以自行選擇從每月薪水中自願提繳最多 6%（勞退自提），到勞工退休金帳戶，而且自提的部分全部免稅。

由於薪資自願提繳的部分，可以從當年度個人綜合所得總額中全數扣除，一直到請領退休金時才需併入所得課稅，等於可以享受遞延稅負的效果，減稅又能加快退休儲蓄。

勞保局曾統計，目前選擇全國勞退自提的薪水族比例不到 **10%**，而且大都是高薪者較有意願自提，因為他們知道這種做法使節稅效果更明顯。

假設你現在月薪 4 萬，如果每月自提 6%，那一年就提繳 2.88 萬到你的退休金帳戶，其計算如下（為簡化，實際須視投保薪資級距計算）：

> 4 萬 × 6% × 12 個月 ＝ 2.88 萬

然後，當年度的薪資所得總額為 48 萬，扣掉 2.88 萬的勞工退休金後，剩下的 45.12 萬，才須納入綜合所得總額，其計算如下：

> 當年度所得總額＝月薪 × 12 ＝ 4 萬 × 12 ＝ 48 萬
> 48 萬 － 2.88 萬 ＝ 45.12 萬

原本你的月薪 4 萬，當年度的薪資所得為 48 萬，適用稅率為 5%（見下頁圖表 1-2），所以你要繳 2.4 萬的稅，但如果你每月自行提撥 6%，一整年的薪資所得就變為 45.12 萬，只要繳 22,560 元的稅，馬上就省了 1,440 元。如果你的薪資越高，當然就省得更多，計算如下：

```
480,000×5%＝24,000
451,200×5%＝22,560
24,000－22,560＝1,440
```

因此，即使你是小資族，也能夠靠自提勞工退休金的方式，達到節稅與退休規劃的目標。

4. 利息所得：凡公債、公司債、金融債券、各種短期票券、存款及其他貸出款項利息之所得。其中，公債包括各級政府發行之債票、庫券、證券及憑券。短期票券指期限在一年期以內之國庫券、可轉讓之銀行定期存單、銀行承兌匯票、商業本票及其他經目的事業主管機關核准之短期債務憑證。上述這些利息所得，除存款利息

圖表 1-2　2019 年申報綜合所得稅課稅級距、累進稅率及累進差額

級別	課稅級距	稅率	累進差額
1	0～540,000	5%	0
2	540,001～1,210,000	12%	37,800
3	1,210,001～2,420,000	20%	134,600
4	2,420,001～4,530,000	30%	376,600
5	4,530,001 以上	40%	829,600

單位：新臺幣。

應併入所得計稅之外，其他採分離課稅，按 10％扣繳稅款後，不再與個人綜合所得稅合併計算。

　　另外，關於銀行存款，若一戶一年約有 2,700 萬元以下的存款，以目前銀行存款利率 1％計算，這份利息所得應該都可以不用繳稅（第一章第 4 節會詳細解說原因）。

　　5. 租賃及權利金所得：把有形或無形的資產租借或授權給別人使用，而獲取的收入。也就是包租公、包租婆收租賃所得、發明家的專利收權利金所得。雖然收房租看起來輕鬆、容易，但維護房屋及研發皆須耗費精力，所以有成本費用可以讓房東或權利金授權人減除（第一章第 7 節有較詳盡的說明）。

　　6. 自力耕作漁牧林礦的所得：這一看就知道針對農夫、漁夫、牧場主人、森林主人、礦場主人的經濟行為。全年收入減除成本及必要費用後之餘額，為所得額。

　　7. 財產交易所得：財產及權利因交易所取得的所得。主要指買賣不動產的獲利所得，以前只有房屋的買賣部分要繳稅，但在 2016 年開始實施房地合一稅，針對土地獲利的部分也要開始繳稅了。

　　另外提醒一點，過去許多人買賣房屋有獲利，不是沒去申報這筆財產交易所得，就是申報金額比實際金額少很多，以高報低。會這麼做的原因，無非是認為國稅局不可能知道買賣雙方實際成交的金額。

　　然而，自從 2012 年 8 月開始實施買賣不動產移轉登記，規定房

地產買賣完成，並完成所有權移轉登記的 30 天內，須主動至地政事務所或線上申報登錄實際成交價（簡稱實價登錄）後，就經常有納稅義務人收到國稅局的通知，提醒如果實際售屋獲利金額與申報不符的話，必須來國稅局自動補報補繳稅。收到這樣的公文，想必知道，國稅局大概早已掌握你所賣的房屋附近的成交行情了吧！

那如果是買賣預售屋呢？預售屋的紅單轉讓獲利也屬於財產交易所得，國稅局現在針對這塊金額較大的，會函查建商，請各位小心為上。

（按：部分建商在還沒取得建照前，會先開放部分戶數，以低於公開市價的價格提供給特定客戶預訂，來營造新建案熱銷的情境。這些擁有預購權的人，都要先繳一筆幾萬塊的訂金給建商或代銷公司，接著他們會收到預售屋買賣權利預約單作為優先承購的證明。一般的預約單是紅色，故業界皆稱它為紅單。）

8. 競技、競賽及機會中獎之獎金或給與：指的是參加各種競技比賽及各種機會中獎之獎金或給與，其中所支付的必要費用或成本，得檢據申報核實減除。然而，屬於政府舉辦之獎券中獎獎金，必須扣繳稅款，但不合併計入綜合所得總額。

舉例來說，公益彩券的中獎人如果是個人（不論是居住在中華民國境內之個人，或並非居住在中華民國境內之個人），中獎獎金不超過新臺幣 2,000 元者，免予扣繳，但若是獎額超過新臺幣 2,000 元者，應按給付全額扣取 20%。另外，因公益彩券是政府發行，所以採取分離課稅，不必再計入綜合所得總額申報課稅，而**所扣繳的稅款也不能夠抵繳或申請退還**。

9. 退職所得：包括退休金、資遣費、退職金、離職金、終身俸等。有兩種領取方式，分為一次領取，以及分期領取。

目前國稅局規定，一次領取「18 萬 × 年資」金額者以下不用繳稅，而「18 萬 × 年資至 36.2 萬 × 年資」金額者，只要半數計入所得額即可，若是超過「36.2 萬 × 年資」則全數為所得額。

假設李先生於 2018 年 3 月退休，他服務的年資是 19 年 8 個月，退職服務年資非為整數時，其尾數未滿 6 個月，以半年計算，如尾數已滿 6 個月，則以 1 年計算，因此在計算李先生可以適用的退職所得免稅額時，退職年資即為 20 年，他一次領取的退休金是 500 萬，那該如何計算應稅之退職所得？

首先以國稅局規定的計算方式來看的話，18 萬 × 20 年年資＝360 萬，所以 **360 萬以下的退休金免稅**。而 36.2 萬 × 20 年年資＝724 萬，李先生一次領取的退休金為 500 萬，落在 360 萬至 724 萬之間，得半數計入所得額，因此李先生的退休金 500 萬扣掉免稅額430 萬，相當於他應稅的退職所得額為 70 萬，其計算如下：

退休金免稅額＝（18 萬 × 20 年）＋（500 萬－360 萬）÷2
＝ 430 萬

退休金應稅額（計入退職所得金額）＝ 500 萬－ 430 萬＝ 70 萬

另一種則為分期領取，若你選擇分期領取，則每年有 78.1 萬可以減除，以全年領取總額，減除 78.1 萬後的餘額為所得額。假設李小姐於 2018 年 4 月退休，申請分 10 年領取退休金，每年平均領取80 萬，那該年應該計入的所得額為 1.9 萬，其計算如下：

> 退休金應稅額（計入退職所得金額）＝全年領取總額 80 萬－每年
> 免稅額 78.1 萬＝ 1.9 萬

這些定額免稅數字會跟隨物價指數調漲，而每年財政部都會公布，若有疑慮可以上財政部網站查詢。

10. 其他所得：在所有所得中，這條最狠，反正不屬於以上 9 項類別者，都算其他所得。意思就是，**《所得稅法》沒特別跟你說免稅的項目，都要繳稅。**當然為了公平起見，如果你手中取得某個所得的成本費用憑據，即可減除。

我把上面十大類別的所得，整理成圖表 1-1，每一項的右側是提醒你應該特別注意的事項，後面的章節會再詳細說明。

如何節省個人所得稅？你得事先布局

當然，繳綜合所得稅，並非很單純的把當年度所賺到的錢，直接乘以適用的稅率（見圖表 1-2），政府不可能這麼狠，而是會針對每個家庭不同的情況，例如你要扶養多少家人或是老人？孩子是不是讀大學？有沒有買保險？或是生病了需要醫藥費等，送你一些免稅及可以扣除掉的額度，我們稱為免稅額或扣除額，以下章節會陸續介紹。

常用的綜合所得稅計算公式如下：

> 所得淨額＝所得總額－免稅額－一般扣除額（標準或列舉）－特
> 　　　　別扣除額－基本生活費差額
> 應繳稅額＝所得淨額 × 適用稅率－累進差額－扣繳稅額－可扣抵
> 　　　　稅額－可抵減稅額

此公式不用多花時間了解，因為目前都有電腦程式提供試算，報稅人只要填入資料即可，政府也會幫你試算。

從以上綜合所得稅的公式來看，想要節省個人所得稅金，最快的方法有以下兩種：

1. 減少會被政府查到的所得額。

2. 增加政府承認可以抵稅的扣除額。

以下章節陸續分享如何減少所得額以及增加扣除額的細節。

● 節稅小辭典

1. 分離課稅。

將某部分所得排除於每年合併申報的所得總額之外，單獨另外以某一定的稅率來計算並課稅。分離課稅大都以所得來源扣繳方式課稅，即在所得發生時，由所得給付人依一定的稅率

（續下頁）

預扣所得稅。納稅義務人在扣繳稅額後，就不須要再將這筆收入併入綜合所得總額中申報。

2. 累進差額

累進稅率是把所得以高低分段課稅，而累進差額是速算時用的。

臺灣的個人（居住者）所得稅率分成 5%、12%、20%、30%、40%，依你的所得淨額來分段決定稅率，不過並不是你的淨額落在 12%，就代表你繳的稅全部是 12%。假設所得淨額是 60 萬，稅率要分成 2 段來計算，其中的 54 萬是用 5% 計算，剩下的 6 萬用 12% 計算。這就是累進稅率的概念。

國稅局為了大家計算方便（速算），所以直接幫你算好累進差額，只要把 60 萬 ×12% －累進差額 37,800 就可以得到要繳納的稅金了。

那麼累進差額 37,800 是怎麼計算出來的？

因為第一個稅率級距 540,000 只課 5%，如果用速算法直接把所得額乘下一段稅率 12%，那麼 540,000 就多乘了 7%，這就是累進差額，數學計算如下：

$$540,000 \times (12\% - 5\%) = 37,800$$

2

每逢報稅倍思親，5月孝子特別多
〈關於免稅額、扣除額〉

「每逢佳節倍思親。」這句話用在節稅也是如此，每到**5**月更是孝子孝女特別多，許多家庭都會引發拉父母報稅的搶人大戰。有些人平時認為扶養親屬是累贅，到報稅時一個老人就是一個寶，但這也是人之常情，**因為他們知道扶養親屬有免稅額，可以節稅。**

每個人都有最基本的免稅額及標準扣除額可以扣除。申報戶裡有幾個人就有幾份免稅額。依現行規定，未滿 70 歲的納稅義務人、配偶，每人免稅額 8.8 萬；若家中有超過 70 歲以上的老人，就會給比較高的免稅額——13.2 萬。

扣除額的部分比較複雜，共有三種扣除額：標準扣除額、列舉扣除額、特別扣除額。

標準扣除額或列舉扣除額是二擇一，如果你嫌麻煩，或是平時沒有很多列舉扣除額所條列的那些花費（包含保險費、醫藥費、生育費、房貸利息、房租、捐贈、災損），就用標準扣除額，單身的扣除額是 12 萬，有配偶者加倍扣除。其實現在大家都用網路申報，使用政府的申報軟體把數字輸入進去，軟體會自動幫你列出扣除後稅金最少的方式。

特別扣除額，顧名思義就是除了標準或列舉扣除額二選一後，額外再特別讓你扣除的費用項目。下頁圖表 1-3 整理了 2019 年申報的免稅額、扣除額一覽表，方便讀者快速對照。

通常財政部會因為消費者物價指數及衡量國民經濟情況，反映人民實質納稅能力，或是為了特殊政策目的，而依據法律規定調整稅負。

包括綜合所得稅課稅級距金額、免稅額、標準扣除額、薪資所得特別扣除額、身心障礙特別扣除額……財政部會依據《所得稅法》相關規定，每遇到消費者物價指數較上次調整年度之指數，上漲累計達 3% 以上時，按上漲程度調整。

用列舉扣除還是標準扣除？你至少要花一年布局

再回到前言提到的那對情侶，年收入 80 萬的女生，選擇了標準扣除額 12 萬，再扣掉免稅額 8.8 萬，還有薪資特別扣除額 20 萬，綜合所得淨額為 39.2 萬。因低於 54 萬，所以乘上 5% 的稅率，她要繳綜合所得稅 1.96 萬，其計算如下：

$$稅金＝（80 萬－ 12 萬－ 8.8 萬－ 20 萬）× 5\% ＝ 1.96 萬$$

而年收入 100 萬的男生，之前貸款買了一棟約 1,000 萬的房子，所以有購屋借款利息扣除額 20 萬，還有好幾張保單，因此有保險費扣除額 2.4 萬，加起來 22.4 萬，比標準扣除額 12 萬還多，所以他選擇了列舉扣除額。

另外他還申報扶養了母親，又多了受扶養親屬 8.8 萬的免稅額，以及媽媽的保險費扣除額 2.4 萬，還有他自己納稅義務人本人的免稅額 8.8 萬及薪資特別扣除額 20 萬，計算下來他的綜合所得淨額為

圖表 1-3 2019 年免稅額、扣除額一覽表
（2018 年度的所得，2019 年 5 月申報適用）

免稅額	納稅義務人、配偶及受扶養親屬					8.8 萬
	年滿 70 歲以上 （本人、配偶、受扶養直系尊親屬）					13.2 萬
扣除額	標準扣除額	單身	12 萬	或　列舉扣除額	捐贈	≦所得總額 20%、 政府 100%
					保險費	人身險 2.4 萬／人 健保 100%
		夫妻	24 萬		醫藥及 生育費	核實 100%
					災害損失	核實 100%
					購屋借款利息 房屋租金	30 萬／戶 ⎫ 二擇一選高者 12 萬／戶 ⎭
	特別扣除額	薪資所得				20 萬／人
		儲蓄投資				27 萬／戶
		身心障礙				20 萬／人
		教育學費（經教育部認可之國內外 大專以上子女）				2.5 萬／人
		幼兒學前（5 歲以下子女）				12 萬／人
		財產交易損失				≦當年度財產交易所得； 3 年內可抵
基本生活	基本生活費用差額					17.1 萬 × 人數─比較項目 合計數

37.6 萬。同樣因低於 54 萬，所以乘上 5%的稅率，男生最後只要繳 1.88 萬的綜合所得稅，其計算如下：

税金＝（100 萬－20 萬－2.4 萬－8.8 萬－2.4 萬－8.8 萬－20 萬）×5%＝1.88 萬

看出差別了嗎？男方雖然收入比女方高，卻比女方少繳 800 元的稅，關鍵就在於他選擇了列舉扣除額。至於這些列舉扣除額，絕非在要報稅時馬上就能發生，你必須在前一年就做好規劃，而這就是本書一直強調的「節稅的布局」。

3

你有正當收據，政府就會放過你
〈列舉扣除額〉

　　有一位客戶每年快到年底時，都會特別問我：「今年我可以捐多少錢？」一般人可能認為，捐錢不就是看經濟能力的多寡以及貢獻的愛有多大嗎？為何要先問會計師呢？然而，這位客戶知道，捐贈是列舉扣除額的項目之一，增加捐贈扣除額可以有效節稅，但是有一定的金額限制。而且他希望所捐的每一分錢都正好拿來抵稅，不多也不少，所以每年都要先推算，自己的年所得狀況可以抵多少捐贈金額。

　　提到列舉扣除額，依照《所得稅法》第 17 條第 1 項第 2 款第 2 目之規定，除了捐贈金額可以抵，還有保險費、醫藥及生育費、災害損失、房貸利息、房租等費用。

用捐贈抵稅的 6 大類別

　　有許多人因所適用的所得稅率高（賺太多錢，稅率當然高！），寧願把錢捐給慈善機構，也不願多繳稅給政府。更棒的是，捐贈除了可以節稅，還可同時得到利他愛心的美名及付出貢獻的成就感。

　　由下頁圖表 1-4 可以看出，同樣是綜合所得 500 萬，但捐 100 萬給慈善機構，跟沒有捐錢相比，節省了 30.62 萬稅額。可見捐贈確實可以有效節省稅負。

　　然而，可以抵稅的捐贈項目種類繁多，各個扣抵的規定上限皆不相同，導致民眾經常搞錯認列方式，或時有所聞有人虛報捐贈金額，遭國稅局要求補稅罰款，因此認識捐贈類別非常重要，一般捐贈類別分為 6 種：

　　1. 教育、文化、公益慈善機關團體、公益信託：只要捐贈的對象有經過主管機關登記立案，皆可以列舉捐贈扣除，不過有金額的上限，不得超過綜合所得總額的 20%。

圖表 1-4　捐贈可以有效節省稅負

捐贈方式	無任何捐贈	捐給一般公益團體
綜合所得總額	5,000,000	5,000,000
－（免稅額＋標準扣除額＋薪資特別扣除額）	408,000	408,000
－捐贈列舉扣除額	0	1,000,000
所得淨額	4,592,000	3,592,000
稅率	40%	30%
累進差額	829,600	376,600
應納稅額	1,007,200	701,000
節稅金額	0	306,200
淨現金流出	1,007,200	1,701,000

※所得淨額稅率詳見圖表1-2。

2. 政府、國防、勞軍：根據《所得稅法》第 17 條規定，把錢捐給政府、國防、勞軍並不受金額限制，均可核實認列，這樣一來你才會願意多捐點。

3. 具文化價值古蹟、古蹟維護：依《文化資產保存法》規定，出資贊助維護或修復古蹟者，均可核實認列，跟捐給政府一樣無上限。

4. 政黨、政治團體、擬參選人：每年選舉時刻，許多民眾會捐贈「政治獻金」給政黨或參選人。政治捐獻的規定很複雜，依《政治獻金法》規定，原則上扣除限額比例是綜合所得總額的 20％，且

圖表 1-5　2018 年捐贈政黨、政治團體、擬參選人的金額限制

對象		每年捐贈金額限制	
		個人	營利事業
捐贈對象限制	同一擬參選人	10 萬	100 萬
	不同擬參選人	30 萬	200 萬
	同一政黨、政治團體	30 萬	300 萬
	不同政黨、政治團體	60 萬	600 萬
申報所得稅限制	對政黨、政治團體及擬參選人	選擇列舉扣除額者才能適用。每一申報戶每年捐贈扣除總額，不得超過各申報戶當年度申報綜合所得總額 20％，其總額也不可以超過 20 萬。	當年度費用或損失。可減除金額，不得超過所得額 10％，其總額並不得超過 50 萬。有累積虧損，而且尚未依規定彌補之營利事業不適用。

對政黨的捐贈，其得票率要超過 **1%** 者才能計入列舉扣除額。2018年總統及立法委員選舉，得票率超過 1% 者，包含民進黨、國民黨、親民黨、時代力量、新黨、綠黨、社會民主黨聯盟、台聯、信心希望聯盟及民國黨。其餘政黨，即使民眾好心捐贈，也不能列報扣除，詳見前一頁圖表 1-5。

5. 私立學校：基本上捐給私立學校的扣除限額比例，是綜合所得總額的 20%，但根據《所得稅法》規定，透過「私立學校興學基金會」這個機構代捐，並指定要捐給哪所私立學校，扣除額的限制可以提高至綜合所得總額的 50%，如果不指定捐給哪間學校，則可以全額抵扣，沒有金額限制。

6. 公立學校：公立學校算是政府的組織單位，所以扣除金額一樣沒有上限，所以很多企業家會大手筆捐建一棟圖書館給學校，除了出自善心，其實也是一種節稅的布局。

我將上述 6 種捐贈類別整理成右頁圖表 1-6，方便讀者快速理解。在這裡還是必須特別提醒，若民眾以「非現金財產」捐贈政府、國防、勞軍、教育、文化、公益、慈善機構或團體者，申報捐贈列舉扣除金額的計算，除了符合法律另有的規定之外，原則上應依「實際取得成本」為準，如果虛報捐贈金額，會被國稅局補稅罰款。

了解上述捐贈種類及列舉扣除額的規定，也許你會問，繳社團入會費、或是去廟裡捐贈香油錢，甚至安太歲、點光明燈算不算捐贈？以下介紹常見的捐贈列報錯誤情況：

1. 入會費：

許多參加國際扶輪社或獅子會的朋友都以為，所屬社團是公益性質的，所以繳給社團的錢都可以當作捐贈扣除。其實會員、社員繳交的年費、入會費等性質的款項，屬於組織營運所需支出，不一

圖表 1-6　捐贈列舉扣除額規定

捐贈列舉扣除額規定		
捐贈類別	扣除額限制	特別注意
教育、文化、公益慈善機關團體、公益信託	不得超過綜合所得總額的20%。	捐贈對象須經主管機關登記立案所成立。
政府、國防、勞軍	不受金額限制。	
具文化價值古蹟、古蹟維護	不受金額限制。	依《文化資產保存法》規定出資贊助維護或修復古蹟者。
政黨、政治團體、擬參選人	不得超過綜合所得總額的20%。每年申報金額不得超過20萬元。若捐贈同一擬參選人上限10萬，其他詳見圖表1-5。	1. 擬參選人未參選或經撤銷不得扣除。 2. 政黨在當年或上次立委選舉得票率未達1%不得扣除。
私立學校	不得超過綜合所得總額的20%。透過「私立學校興學基金會」代捐，並指定學校捐贈，以綜合所得總額50%為限。透過私立學校興學基金會，但不指定學校捐贈，則不受金額限制。	
公立學校	不受金額限制。	

定用在公益捐贈上，並不屬於捐贈性質。我身邊真的就有扶輪社友表示曾被國稅局挑出來剔除過，因此正確的做法，應該明確分出哪些是捐贈性質，而且要留有收據，才能安全抵稅。

2. 安太歲、點光明燈：

王媽媽每個月都會去廟裡拜拜，有時候會捐點香油錢，每年更是依照廟方建議，幫家人安太歲及點光明燈，並認為只要是廟方給的收據，都能拿去抵捐贈扣除額，但其實這是有問題的。

實際上，部分民眾無償捐贈合法立案的寺廟，如捐贈香油錢並取得收據，可以列舉扣除，但金額同樣不能超過所得額的 20%。但是在寺廟安太歲、點光明燈、文昌燈、設塔位等祈求順遂福氣，因具有對價關係（按：從法律上看，是一種等價有償的允諾關係）之支出，並不屬於無償捐贈性質，所以不得列報捐贈扣除額。

3. 捐贈協會節稅：

吳先生從 2006 年到 2009 年，每年皆捐贈約 20 萬至 30 萬給○○研究暨推廣協進會，並於申報綜合所得稅時，列舉該捐贈金額打算扣除。而該協進會宗旨為發揚保險互助精神、培植保險管理人才，以及促進國際間保險知識交流、提升保險業形象，使保險業蓬勃發展……捐款者還可以參加聯誼及學習該協進會所舉辦的課程。

然而，國稅局查核該協進會的支出項目，大多數為業務推廣費、會議費、汽車修繕費、燃料費、聯誼活動費等，其中業務推廣費的內容實為：花費海內外旅遊住宿、禮品、餐飲、直銷保健食品、電子產品、網路購物、商品禮券、眼鏡、珠寶、寢具用品等。這些費

用大都先由會員以個人支出墊款，再申請代墊款項之核銷，因此吳先生不得以捐贈協會，列報捐贈扣除額。

4. 捐寶物、古董節稅：

2012 年 8 月有一則新聞標題是：「捐龍袍節稅，律師虧千萬。2.1 億文物貶為 2,700 萬」，這則新聞表示，有位許律師在 2004 年時，與翁姓文物收藏家協議「捐寶節稅」，由許律師支付 1,600 萬給翁姓收藏家，翁姓收藏家再把清朝道光皇帝的龍袍等文物捐給國父紀念館時，讓許律師以捐贈人名義申報抵稅。

但之後監察院調查發現，民眾低價取得少數民族服飾，捐贈國父紀念館，卻聲稱價值高達新臺幣 2.9 億，館方未詳查就直接發高額鑑價證明書，讓民眾以「假捐贈之名，行漏稅之實」，教育部及國父紀念館遭到糾正。國父紀念館表示，後來核發的文物捐贈證明為 2,780 萬，捐贈人內部也不同調，想要撤銷捐贈，最後法院則判國父紀念館勝訴。

由此可知，當初翁姓收藏家及許律師若老老實實的以實際的文件價值給付價金，取得的捐贈收據也是該鑑價金額，並以此金額認列抵稅，一切就沒有問題，只不過如果是這樣，許律師應該就不會花上千萬去捐獻了吧。

即使是小保險也能抵稅

我國《保險法》第 13 條規定，將保險主要分為兩大類型：「人身保險」和「財產保險」。

　　人身保險包括人壽保險、健康保險、傷害保險及年金保險。《所得稅法》規定，納稅義務人、配偶或申報受扶養「直系」親屬的人身保險的保險費，**被保險人與要保人應在同一申報戶內，才可列舉扣除**，而且**每人每年享有 2.4 萬的保險扣除額**。

　　但是，即使是直系血親，若子女已經成年並自行報稅，以子女當被保險人、父母為要保人的保單，則**無法列舉扣除**。解決辦法是將要保人更改為子女，因**要保人及被保險人皆為同一人**，便可在子女自己的申報戶中列舉扣除。

　　有人會問，**如果是幫兄弟姊妹購買保險，是否能認列保險列舉扣除？答案是不行**。前面也提過，因為目前只限定納稅義務人本人、配偶及受扶養直系親屬，才能被視為被保險人的保險，納稅義務人若幫其他親屬購買保險，如兄弟姊妹、姑姨叔侄等，皆不能認列保險費列舉扣除額。

　　另外，包括人身保險、勞工保險、國民年金保險及軍、公、教保險的保險費，加總起來也僅可享有 2.4 萬的扣除額。其中因出遊、商務出差而購買的旅遊平安險、學生平安保險、自費團體保險、意外險，屬於人身保險範疇，民眾通常容易忽略申報。事實上這些只要檢附證明，皆可計入列舉扣除額。

　　（按：團體保險因保險費率較低，且可將家人一起投保，常被企業列為員工福利項目之一。只要人數在 5 人以上的團體，就能以公司、機構、福委會或者工會、公會、協會等名義跟保險公司洽談團保契約。自費團體保險，是由企業或職工福利委員會做為要保人，保費由員工自付，員工可自行決定是否加保。）

　　財產保險是以財產或責任當作保險標的之保險類型，因此按照

《所得稅法》規定，像汽車險、住宅火險、海上保險、陸空保險等，由於屬於財產保險，非人身保險，無法列舉扣除額。

至於**全民健保的保險費及補充保費，可以全數扣除**，不受 2.4 萬保險列舉扣除額上限限制。

植牙、美白牙齒、坐月子可以列舉扣除嗎？

大街小巷到處都可看到牙醫診所植牙的招牌，植牙似乎已成為民眾生活的一部分，但**植牙、假牙、齒列矯正等費用，到底能不能夠列報綜所稅的扣除額？答案是不一定。**因為治療牙病，包含植牙、鑲牙、裝假牙及齒列矯正的醫療費用支出，必須是醫療所需，且檢附收據及醫師診斷書，才能列報扣除。但如果是以美容為目的的植牙支出，並不屬於醫療性質，所以不可列報扣除。

關鍵在於是否屬於醫療行為，醫藥費的扣除額的定義，是指個人因身體病痛接受治療而支付的醫療費用，所以其他像**長期照護費、看護費、坐月子中心、美容行為消費等非醫藥費，也不得扣除。**

醫藥和生育費用，以公立醫院、全民健保醫院診所、或經財政部認定者為限（**多數國術館的收據無法列報**），而且受有保險給付部分不得扣除。

地震、颱風造成的損失，別急著清理，要留收據

臺灣經常發生地震、颱風、水災，但奇怪的是申請災害損失的人卻很少，這可能是臺灣人的風險管理不足，也可能是因為不知道

有這項規定、不知該如何申請，也可能是不懂得保留受災損失的證據，更有可能是民眾純樸厚道，發生損失都自己摸摸鼻子，不好意思麻煩別人。其實我們政府對於災害損失這塊，還滿有人情味的。

根據《所得稅法》規定，納稅義務人、配偶或申報受扶養親屬若遭受不可抗力的災害，例如地震、風災、水災、旱災、火災等損失，可以申報列舉扣除，但受有保險賠償或救濟金部分，則不得扣除。而且必須於災害發生 30 天內，準備好損失財物照片及清單、原始取得憑證、保險公司鑑價損失資料、或受損財物修復取得之統一發票或收據等，申請並取得稽徵機關調查核發的證明文件。

納稅人在遭受災害損失時，千萬別因急著清理而破壞災害現場，導致喪失申報災害損失扣除的權益。像之前 815 全臺大跳電，雖然是人為疏失，政府仍同意讓民眾申請災害損失！

列舉購屋借款利息，等於幫你降房貸

我有位朋友是某家銀行的房貸部門主管，他常跟申請房貸的客戶說：「購屋借款利息列舉扣除額，等於降低實質房貸利率。」怎麼說？

假設購屋時向銀行貸款 1,000 萬，房貸利率為 2%，一年要支付銀行的利息為 20 萬（1,000 萬 × 2%）。

在申報綜合所得稅時，可申報購屋借款利息 20 萬，若綜所稅的課稅級距落在 20%，當年度共可節省 4 萬的所得稅（20 萬 × 20%）。而名目上銀行的貸款年利率原本為 2%，但稅後實際貸款的年利率則降成 1.6%，其計算如右頁所示：

税後實際貸款的年利率＝（銀行利息－節稅金額）÷ 貸款本金
　＝（20 萬－4 萬）÷1,000 萬＝ 1.6%

　　由此可知，民眾貸款購屋後申報綜所稅時，購屋借款利息可以透過列舉扣除額，省下為數不小的稅款，還能降低貸款利率。不過，仍須遵守相關規定，包括**房屋登記為申報戶所有，以一屋為限，已在該地址辦完戶籍登記，且無出租、供營業或執行業務等使用**。

　　而申報的金額，以當年度實際支付的購屋借款利息支出，減去儲蓄投資特別扣除額後的餘額計算，扣除額不得超過 **30 萬**。若房屋為配偶所有，由申報本人支付的利息，須與配偶同一申報戶，才可以列報。

　　至於租屋族付的租金，扣除額規定上限是 **12 萬**，能列報的房租支出對象僅限於納稅義務人、配偶或申報受扶養「直系」親屬，而且僅在「境內」租屋供自住，非供營業或執行業務使用，尤其**不得與購屋借款利息同時申報**。因為一戶申報不是租房就是買房，如果這兩者皆可扣除，不就是政府鼓勵民眾借錢買房子作為投資嗎？

4

特別的稅給特別的你
〈特別扣除額〉

上一節提到，扣除額分為 3 大類，你可以採用「標準扣除」或是「列舉扣除」兩者選一，另外一個就是特別扣除額（見圖表 1-3）。

特別扣除額有 6 大類，包括薪資所得特別扣除額、儲蓄投資特別扣除額、教育學費特別扣除額、身心障礙特別扣除額、財產交易損失扣除額及幼兒學前特別扣除額，從了解它進而妥善使用它，就可以省下一筆稅款。

1. 薪資所得特別扣除額：如果納稅義務人、配偶或申報受扶養親屬各有薪資所得，每人每年都可以扣除薪資所得特別扣除額，2018 年度為 20 萬，但如果申報的薪資所得沒有超過 20 萬，只可以扣除申報的薪資所得額。例如你在 2018 年度的薪資所得有 10 萬，那麼薪資所得特別扣除額就只能扣 10 萬，而不是 20 萬。另外，**沒有薪資所得的人就不能扣除薪資所得特別扣除額。**

2. 儲蓄投資特別扣除額：一般為金融機構的存款利息，一戶上限為 27 萬，但規定免稅的存簿儲金利息（例如郵局存款本金在 100 萬以下者，按活期儲金利率給付利息）及分離課稅的利息，不包括在內。

我們來推算一下，既然一戶有 27 萬的扣除額，以現在銀行存款

利率約 1%，一戶裡可以有多少存款利息所得，得以全數扣除而不浪費？其計算如下：

> 27 萬 ÷1%＝ 2,700 萬

一戶有 2,700 萬以內的存款，利息所得皆可全數扣除。

3. 教育學費特別扣除額：申報扶養就讀大專以上院校「子女」的教育學費，每人每年可扣除 2.5 萬，若有接受政府補助，應扣除補助金額。然而，**就讀空大、空中專校及五專前 3 年者不適用**，因為五專的前 3 年相當於高中的 3 年，而**教育學費僅准扣除就讀大專以上者**。

所謂教育學費，是指按照教育主管機關規定的收費標準，於註冊時所繳交的一切費用，包括學費、雜費、學分學雜費、學分費、實習費、宿舍費等。

至於**子女於國外就讀大專以上院校，是否可列報教育學費特別扣除額**？納稅義務人申報扶養的子女在國外就讀大專以上的院校，其學歷獲得教育部採認（依大學辦理國外學歷採認，辦法公告的參考名冊所列大專校院），或其他經過當地國政府權責機關或外國專業團體認可的大專校院，且其學籍在學年度內為有效者，納稅義務人可以檢附教育學費繳費收據影本，或其他足資證明文件，依規定列報教育學費特別扣除額。

4. 身心障礙特別扣除額：納稅義務人、配偶或申報受扶養親屬，

若是領有身心障礙手冊或身心障礙證明（須檢附該手冊或證明影本），或《精神衛生法》第3條第4款規定的嚴重病人（指呈現出與現實脫節的怪異思想和奇特行為，導致不能處理自己事務，經專科醫師診斷認定者），須檢附專科醫生的嚴重病人診斷證明書，不得以重大傷病卡代替，每人可減除20萬。

5. 財產交易損失扣除額：每年度扣除額，以不超過當年度申報的財產交易所得為限（必須檢附有關證明文件）。如果當年度沒有財產交易所得或是財產交易所得額比財產交易損失額少，還沒有扣除的財產交易損失餘額，可以在以後3年度的財產交易所得中扣除。

　　舉例來說，假設你在2018年賣了兩棟房屋，其中有一棟賠賣，損失10萬，另一棟房屋賺了7萬，等於有財產交易所得7萬。那麼2018年的所得稅應申報計入財產交易所得7萬，而且同時可以申報財產交易損失扣除額7萬。為什麼？

　　因為根據《稅法》規定，**每年度的財產交易「損失扣除額」，以不超過當年度申報的「財產交易所得」為限**，也就是說，當年度的財產交易是可以不用被課稅的，所以賠賣的那間房屋原本損失10萬，在2018年已用掉7萬的扣除額，剩下3萬的損失，可以在之後的3年內（2019年到2021年），有財產交易所得的年度中申報扣除。譬如你在2019年也賣了一間房屋，賺了5萬，那麼2019年必須申報財產交易所得5萬，同時可以申報財產交易損失扣除額3萬。

6. 幼兒學前特別扣除額：以申報扶養5歲以下的子女為限，每人每年扣除12萬。但有下列情形之一者，不得扣除（即排富條款）：

（1）所得稅適用稅率在 20％以上的人（以減掉此幼兒學前特別扣除額後的所得淨額計算）。

（2）夫妻薪資所得分開計稅，適用稅率在 20％以上的人。

（3）基本所得額超過其規定的免稅額的人（目前為 670 萬）。

單薪與扶養人數多者的福利──基本生活費用免稅

2016 年 12 月 9 日，立法院為了保障人民生存權及人性尊嚴，三讀通過《納稅者權利保護法》，賦予納稅者為維持自己及受扶養親屬，享有基本生活所需費用不受課稅之權利，即免稅。而納稅者基本生活所需費用總額，超過財政部公布比較基礎各項目合計數部分（即基本生活費差額），可以從綜合所得總額中減除。

納稅者申報家戶基本生活所需費用總額之比較基礎，包括免稅額、標準（或列舉）扣除額、特別扣除額部分項目（身心障礙、教育學費、幼兒學前及儲蓄投資特別扣除）。

基本生活所需費用為財政部參照行政院主計機關所公布，最近一年全國每人可支配所得中位數 60％訂定，並於每年 12 月底前公告當年度每人基本生活所需之費用，每兩年定期檢討此金額。**2017年度基本生活所需費用每人為 16.6 萬，2018 年度基本生活費用為17.1 萬。**

總而言之，當計算方式按照當年度每人基本生活所需費用，乘以納稅者本人、配偶及受扶養親屬「人數」計算的基本生活所需費用總額，超過綜所稅免稅額、標準（或列舉）扣除額、特別扣除額

圖表 1-7　基本生活費差額，可以從綜合所得總額中減除

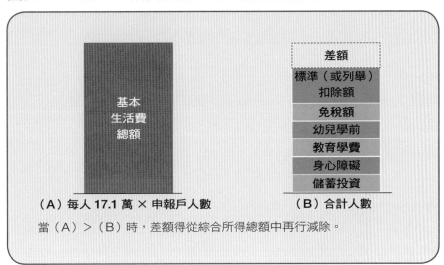

（A）每人 17.1 萬 × 申報戶人數　　（B）合計人數

當（A）＞（B）時，差額得從綜合所得總額中再行減除。

部分項目（身心障礙、教育學費、幼兒學前及儲蓄投資特別扣除）合計數的金額時，可以納稅者當年度綜合所得總額中減除。因此，對於單薪所得或扶養親屬較多的家庭，比較能享有減稅利益（見圖表 1-7）。

　　舉例來說，某納稅者是 4 口家庭，有配偶及 2 名大學子女，那麼按照財政部 2018 年度公布的基本生活費用，每人 17.1 萬，該家庭可享有 68.4 萬的基本生活費總額免稅（17.1 萬 ×4 ＝ 68.4 萬）。

　　因為某納稅者報稅時，享有免稅額每人 8.8 萬（納稅者及配偶均未滿 70 歲），共有 35.2 萬元的免稅額（8.8 萬 ×4 ＝ 35.2 萬），再加上有配偶者標準扣除額 24 萬，而且納稅者申報扶養就讀大專以上院校子女的教育學費，可扣除 5 萬的教育學費特別扣除額（每人每年可扣除 2.5 萬，2.5 萬 ×2 ＝ 5 萬），以及儲蓄投資特別扣除額

1 萬，所以該家庭目前共有 65.2 萬的扣除額。

而基本生活費總額 68.4 萬比扣除額 65.2 萬，多出 3.2 萬，因此此案例綜合所得總額可以再多扣 3.2 萬（見圖表 1-8）。

圖表 1-8　4 口家庭可以多出 3.2 萬的基本生活費差額

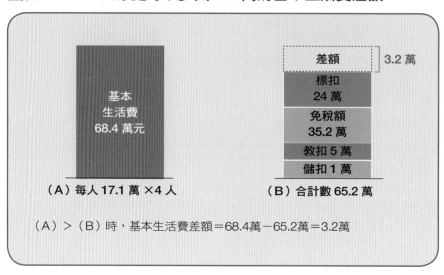

5

哪些收入來源，政府可以當作沒看到？
〈免稅所得〉

　　一位年輕人買了 1 臺好幾萬元的自行車，才騎了幾次，就發生意外摔車，肩膀斷了 4 截、肋骨斷了 2 根，在醫院躺了一個星期。

　　年輕人甚至開玩笑的自嘲：「這輩子終於可以深刻體會梁靜茹的那首〈會呼吸的痛〉。」因為他只要呼吸，胸腔就會擴張，進而弄痛肋骨，除此之外還有一大堆醫療費用要支付，心也很痛。

　　不過，當醫生問他肩膀要裝一般的鋼板支撐，還是品質較好、且以後不用拿出來的鈦合金材質時（當然後者的價位貴很多），他心想：「好在我有買保險。」

　　由於年輕人有保險，當他發生意外時，保險公司會替他出錢承擔，再加上保險給付可以免稅，所以他拿到的**保險金也不用繳所得稅**，即可放心選用最好的醫療器材及服務。

　　說到保險給付可以免稅，其他還有哪些所得可以免稅？最常見的有以下幾種：

1. 保險給付（含人身保險、勞工保險及軍、公、教保險）。

　　普遍認為從保險公司拿到的死亡理賠金，是保險給付，免納所得稅。然而，由於現在市場上的保險商品種類繁多，並非所有保險的給付皆免納所得稅。

　　目前**人身保險、國民年金保險、勞工保險、農民保險、公教保**

險與軍人保險，都免課所得稅。對於非自願性失業的勞工來說，依據《就業保險法》第 10 條規定，可以領取失業給付、提早就業獎助津貼、職業訓練生活津貼及失業之被保險人及隨同被保險人，辦理加保之眷屬全民健康保險保險費補助，上述這些因屬於勞工保險給付的範圍，也適用稅法規定免納所得稅。但仍要注意，**保險公司給付的解約金、紅利等，則要計入所得課稅。**

假設你往年有申報保險費列舉扣除額，之後若將保單提前解約，則應將解約金超過所繳累積保險費之溢額，併入退保年度所得補稅。至於保險公司支付的分紅紅利，因為不是屬於生老病死殘，不算是損失填補原則的保險給付，若拿到保險公司的年底分紅，還是要計入年度所得課稅的。

另外，雖然保險公司給付的死亡理賠金免納所得稅，但是特定的保險給付要額外併入最低稅負課稅。

根據 2006 年開始實施的《所得基本稅額條例》，也就是俗稱的最低稅負制規定，應計入個人基本所得額的保險給付，只有人壽保險和年金保險這兩項，而且只有從 **2006 年 1 月 1 日起新成立的保險契約，又符合受益人與要保人非屬同一人的情況下，受益人所領到的保險給付，才要計入最低稅負基本所得額**（詳見第 66 頁）。

這個部分又可分為「死亡給付」及「非死亡給付」兩種，若為死亡給付，同一申報戶全年所領的金額在 3,330 萬以下者，不用納入基本所得額計算。而超過 3,330 萬者，則以超過部分的金額計入即可。若是非死亡給付，就要全數納入基本所得額。

舉例來說，柯先生的媽媽剛過世，柯媽媽在生前有 3 份人壽保險契約，要保人及被保險人皆為柯媽媽，受益人皆為柯先生。其中

保單 A 的保險開始日為 2005 年 2 月 1 日，保單 B 為 2006 年 2 月 1 日，保單 C 為 2010 年 2 月 1 日。而柯媽媽不幸在 2016 年離世，受益人柯先生獲得保單 A、B 及 C 的死亡保險給付，分別為 3,000 萬、2,000萬與 2,000 萬，共 7,000 萬。那麼，這 3 張合約的保險給付，有多少應計入柯先生的個人基本所得額？

由於保單 A 的合約簽訂日在 2006 年以前（基本稅額條例實施日之前），所以保單 A 的給付金額不用計入最低稅負。而保單 B 及C 的死亡給付合計 4,000 萬則要計入，但每年每戶有 3,330 萬元可以減除，所以最終應計入基本所得額（特殊保險給付）的金額只有670 萬。

該筆納入的金額再加其他應併入基本所得額的項目合計後，每年每戶有 670 萬的免稅額可以扣除，扣除後再依 20% 的稅率計算基本稅額。若基本稅額高於依照原本綜所稅計算出來的應納稅額，則再多補這差額即可。

2. 個人稿費、版稅、作曲、漫畫，以及講演鐘點費等收入。

通常個人稿費、版稅、作曲、漫畫，以及講演鐘點費等收入列為執行業務所得，但這些收入全年若**沒超過 18 萬，即可全數免稅**。若超過 18 萬，可先扣 18 萬，再減除必要成本 —— 自行出版減75%、非自行出版減 30%。

以某歌手為例，幾年前她的專輯大賣 22 萬張，又賣了 15 萬本的英文書，合計版稅約有數十萬美元，約新臺幣 1,500 萬。這些版稅一年只有 18 萬可以扣除，再扣減 30% 的成本費用，當年應併入綜合所得額為 1037.4 萬，其計算如下：

$$（1500 萬－ 18 萬）X（1－ 30\%）= 1037.4 萬$$

3. 土地交易所得。

土地買賣有獲利，免課所得稅。中南部很多有錢人都有大筆大筆的土地，在過去，即使土地買賣賺了數千萬元，通常只要繳土地增值稅，不用再繳土地買賣價差獲利的所得稅，事實上這部分的稅務有很大的優惠，例如土地增值稅的課稅基礎，是用比市價還低很多的土地公告現值來計算，計算出來的課稅所得，金額通常都比實際的獲利金額低很多。

但是，2016 年之後，開始適用房地合一稅，土地獲利所得也要繳稅了，而且是用實際的出售價格，減掉當初買進的土地成本當作課稅基礎，房屋的部分也一樣用實際獲利金額計算，稅率視持有期間長短，從 15%～ 45%（自用住宅房地獲利金額超過 400 萬的部分課 10%），這相當於正式進入了實價課稅的方式，要繳的稅往往比過去多很多，這在第四章將有專章討論。

4. 個人出售日常衣物家具。

網路拍賣盛行，2016 年財政部發現一名 15 歲的少年，透過臉書向國外進貨後，再上網販賣面膜和麥克風，居然創造年營收上千萬元，便立即要求該少年補稅。

出售自己日常生活用品，像是二手書、二手家具或衣物，只要不是以營利為目的，其收入免納所得稅。但是，如果出售的物品並非屬於個人日常用品，例如前面提到的 15 歲少年、或偶爾從國外帶

回的商品，利用網路或其他通路來販售（Yahoo 奇摩拍賣、PChome 線上購物、臉書、蝦皮、露天等），若**連續 6 個月平均每月營業額超過 8 萬**，則須辦理營業登記，繳納營業稅（按：指開發票給消費者的銷項稅額、或是進貨及與營業有關等取得發票的營業稅為進項稅額），再以當年度銷售額 6％計算「營利所得」，併入全年所得總額，申報個人綜所稅。

5. 因繼承或贈與而取得的財產。

由於因繼承或贈與而取得的財產，已課徵遺產稅（見本書第二章）或贈與稅（見本書第三章）了，便不用再課繼承人或受贈人的所得稅了。但是以下的案例，受贈人卻被國稅局要求得繳個人所得稅。這是怎麼一回事？

盛女士經營一家很賺錢的公司，她某天獨自到深山爬山，意外跌落山谷，手機沒有訊號以致無法向外求助，所幸最後遇到住在山中的居民江老先生，讓她在自己的鐵皮屋住了一晚，等待救援。

當盛女士回家後，打算匯錢感謝江老先生，但為了節稅，自己經營的公司常年沒有分配盈餘、也沒有發太多薪水給自己，所以名下沒有多少存款，於是她用公司名義匯 200 萬給江老先生。

沒想到 3 年後，國稅局要求江老先生因取得 200 萬，必須補稅，江老先生便慌張的跑去跟盛女士說明情況，請她一起去向國稅局說明原委。不過，這時他們才知道稅法有規定，如果是**受營利事業的贈與**，贈與單位雖不用繳贈與稅，但受贈的個人，**得將取得的財產，併入受贈年度的綜合所得稅申報**，因此江老先生仍依法補稅。但假設當初盛女士用個人名義贈與 200 萬給江老先生，兩個人便不會有

課稅的問題（因低於贈與免稅額 220 萬，詳見第三章）。

6. 證券及期貨交易所得。

聽說某投資理財社團，裡面的社員各個都是股市大戶，一年靠股票或期貨交易賺到上千萬，甚至賺上億元的人，也不在少數。其中還有好幾位是一般上班族，但報稅時他們所適用的綜所稅率才 5%（就是所得淨額不到 54 萬）。這時你或許會懷疑，不是綜合所得淨額超過四百多萬元就該適用 40% 的稅率嗎？

原來《所得稅法》第 4 條之 1 規定，證券交易所得停止課徵所得稅，證券交易損失也不得從所得額中減除，所以這些買賣股票及期貨的高手們，只要按照成交金額的千分之三繳交少少的證券交易稅即可。

7. 傷害或死亡之損害賠償金，及依國家賠償法規定取得之賠償金。

曾有某營造公司因興建大樓損毀隔壁民眾的房屋，經土木技師公會鑑定，估計補償金額為 20 萬。後來經雙方協調達成和解，營造公司願意賠償民眾共計 50 萬。

由於受損害標的經公會鑑定補償金額是 20 萬，屬於填補民眾所受損害部分，可免納所得稅。但與營造公司賠償金額的差額 30 萬，並不屬於填補所受損害部分，而是屬於「其他所得」，應依法課徵該居民當年度所得稅，辦理扣繳申報。由此可知，只有損害賠償的性質才能免納所得稅，常見的狀況有：

● 病人與醫生因為醫療糾紛最後和解，由醫生給付病人的慰問

金，如果確實屬於醫生因醫療過失，而使得病人受到傷害的損害賠償金，免課所得稅。

●依《勞工保險條例》第 72 條規定，公司沒有替員工投勞保，或投保的薪資金額少報多報，或該由公司負擔部分的保險費叫勞工自己繳納，勞工因此所受到的損失，應該由投保單位賠償給員工，勞工取得公司所給付的賠償金免納所得稅。

●勞工因受職業災害，在醫療中不能工作，企業雇主依《勞基法》規定，按員工原薪資所給付的補償金免稅。另外，員工受醫療屆滿 2 年仍未能痊癒，經醫院診斷喪失原有工作能力，雇主依《勞基法》規定，一次給付 40 個月平均工資的賠償金也免稅。

●個人住家建築物遭到輻射污染，依《輻射污染建築物事件防範及處理辦法》申領的救濟金及補助費免稅。

●《犯罪被害人保護法》規定，因他人的犯罪行為而被害而死亡者的遺屬、受重傷者及性侵害犯罪行為被害人，可以申請犯罪被害補償金。被害人或其遺屬取得的補償金免納所得稅。

●訴訟雙方當事人，以撤回訴訟為條件達成和解，若有賠償金，其中屬於填補債權人所受損害部分，可免納所得稅；至於屬填補債權人所失利益部分，則須列為其他所得，課徵綜合所得稅。

●財產遭受損害所獲得的賠償金，例如鄰近工地施工造成房屋損害的賠償金，其中屬於直接賠償房屋所受損害部分，可以免納所得稅；至於補償損失利益部分，像是房屋無法出租的租金損失，則須列為其他所得，課徵綜合所得稅。

其他免稅所得，可詳見《所得稅法》第 4 條及第 3-3 條規定。

證券交易所得稅為何開徵又停徵？

臺灣證券市場歷史已有六十多年，反反覆覆就有 5 次證券交易所得稅（簡稱證所稅）開徵又停徵的紀錄，但每次約過了 2 年左右便再度停徵。

第 1 次實施證所稅，早在 1955 年 7 月，臺灣股市開張 2 年，政府頒訂《台灣省證券管理辦法》，規定股票買賣的獲利要徵收 10% 的所得稅，但實施不到 5 年，在財政部的建議下廢止了。

第 2 次實施，在 1962 年、臺灣證券交易所成立後，隔年討論所得稅法修正案，決定將證所稅視為個人資產納入課稅範圍，但因當時沒有電腦化，證券所得計算複雜，也無法人工歸戶與稽查，所以實施時間不到 2 年，便宣布暫停收取個人證所稅，但保留課法人的證所稅，直到 1971 年，連法人也停徵證所稅。

第 3 次實施於 1973 年，政府為了抑制股票炒作風氣，宣布復徵證所稅，而且為了鼓勵長期投資，規定持股 1 年以上者免稅。到了 1975 年，全球爆發石油危機，股市萎縮，財政部又為了鼓勵投資人買股票，規定買賣股票 30 萬元以上者免稅，以活絡市場。然而，課徵期間還是因稽核問題與認定爭議不休，過不到 3 年，便在 1976 年再度停止課徵證所稅。

經過 13 年的停徵，1988 年間，國內股市炒作風氣興盛，大盤指數炒作到一萬多點，當時的財政部長郭婉容為了抑制投機氣焰，宣布於 1989 年 1 月起復徵證所稅，造成當時股市以無量下跌連續 19 日反映，跌幅超過 36%，也使郭婉容黯然下臺，而政府擋不住各界壓力，並於隔年 1990 年立即停止徵收證所稅。

　　最近一次，因 2006 年實施基本稅額條例（最低稅負），法人買賣證券的利得要納入最低稅負課稅，因此到了 2013 年則全面復徵證所稅，再度影響證券市場的交易量，證所稅收的預期結果也不好，於是從 2016 年起，又再度停徵證所稅，直到今日（2019 年），證券交易所得仍是停徵狀態。

●節稅的布局番外篇

連國稅局也有低消——
最低稅負制

陳澄波文化基金會董事長陳重光於 2012 年 3 月，將父親陳澄波畫作捐贈北美館。沒想到在報稅時發現竟然必須為了捐出的作品市價，另外再繳稅給政府，簡直欲哭無淚。

如果一個藝術家為完成心願，捐了部分作品給公立美術館，估價約 1,000 萬，報稅時，必須先申報基本所得額（最低稅負制）中的「非現金捐贈」共 1,000 萬，其中可扣抵 600 萬（現為 670 萬）捐贈的抵稅額度，剩下 400 萬必須以 20％報稅，必須申報繳納 80 萬的所得稅。

捐千萬藝術品還要繳稅，原因就是政府有一個法令《基本稅額條例》，又俗稱「最低稅負制」。最低稅負制的目的是要讓原本所得很高，但因享受各項租稅減免，而完全免稅或稅負非常低的人，讓這些人對國家財政能夠有最基本的貢獻。

所謂最低稅負，就是針對境內居住者，當一般所得稅額（每年 5 月結算申報所計算的應納稅額，減掉各項投資抵減稅額後的餘額，即一般所說的綜所稅）低於基本稅額時，就須多繳稅，多繳的金額為基本稅額減掉一般所得稅額。那麼，計入個人基本所得額（最低稅負）的項目有：

1. 綜合所得淨額：即綜合所得總額減免稅額及所有扣除額。

2. 他益保險金：2006 年後所訂立的人壽保險及年金保險，且受益人與要保人不相同，受益人領到的保險給付（若是死亡給付，每一申報戶每年有 3,330 萬可以扣除）。

3. 非現金捐贈：於綜所稅減除的非現金捐贈扣除額，現金捐贈的部分不用計入。

4. 海外所得：未計入綜合所得總額的非中華民國來源所得、依香港澳門關係條例規定免納所得稅的所得（一申報戶全年未達 100 萬者，免予計入）。特別提醒，這 100 萬不是扣除額概念，而是門檻概念，例如海外所得 101 萬，應併入基本所得額 101 萬，而不是 1 萬。

另外，大多數人都搞不清楚哪裡算海外所得？

中華民國以外地區的所得，一定屬「海外所得」，這句話對嗎？答案是不對！中國大陸的所得原本就應該併入臺灣的一般綜合所得稅申報，只是過去大多數人皆以為大陸所得屬海外所得不用申報繳稅，當大陸資金匯回臺灣時便遭稅局追查補稅，實在可惜。

另外，香港、澳門於 1997 年回歸中國，所以應該也比照大陸的情況，將港澳所得併入一般所得額，即不算是海外所得？錯！因為香港澳門的所得在之前本來就免稅，所以依照低消的概念，應該併入海外所得。總結簡單來說，臺灣及中國大陸以外的國家，還有香港、澳門的所得，就是海外所得。

5. 私募證券投資信託基金之受益憑證的交易所得。

6. 其他：2006 年 1 月 1 日以後，各法律新增的減免綜合所得稅之所得額或扣除額，經財政部公告應計入個人基本所得額者。

上面的 6 項加總後即為「基本所得額」，減掉每一申報戶每年有免稅額 670 萬，乘以稅率 20%，計算出「基本稅額」，再與綜合所得應納稅額（一般所得稅額）比大小，若基本稅額比一般稅額大，就要多補差額，如下圖。

個人基本稅額（最低稅負）

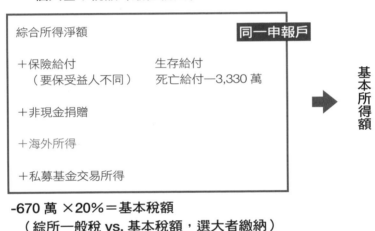

-670 萬 ×20%＝基本稅額
（綜所一般稅 vs. 基本稅額，選大者繳納）

必須申報個人基本稅額者，是不是就一定必須繳納基本稅額？答案是不一定。因為基本稅額應先與一般所得稅額作比較，如果一般所得稅額高於或等於基本稅額，也就是已經超過低消金額了，則不必再繳納基本稅額，只要依原來的綜合所得稅規定繳稅即可。如果一般所得稅額低於基本稅額，除了原來的綜合所得稅額之外，尚應就基本稅額與一般所得稅額的差額繳納所得稅，也就是往上補到低消為止。

舉例來說，王先生 2018 年度綜合所得淨額 550 萬，應納稅額（即

一般所得稅額）137 萬；另外有，海外證券交易所得 300 萬、捐贈公共設施保留地給政府而列舉捐贈扣除額 700 萬、收到保險死亡給付 4,000 萬（王先生是受益人，要保人是王媽媽）。

在計算基本所得額時，王先生當年度的海外所得由於超過 100 萬，所以 300 萬必須全部計入，有列報非現金捐贈扣除額 700 萬也應計入，保險的部分屬要保人及受益人不相同的死亡給付，每年每戶有 3,330 萬可以扣除，所以只要計入 670 萬（4,000 萬－3,330 萬）。以上合計再加綜合所得淨額 550 萬即為基本所得額 2,220 萬，減掉免稅額 670 萬後，乘上稅率 20%，得出基本稅額 310 萬。由於「基本稅額」310 萬大於「一般所得稅額」137 萬，所以最後要補繳差額 173 萬元，其計算如下：

基本所得額＝綜合所得淨額 550 萬＋海外所得 300 萬＋非現金捐贈 700 萬＋保險死亡給付 670 萬＝2,220 萬

基本稅額＝（2,220 萬－免稅額 670 萬）×20%＝310 萬（低消金額）

補繳金額＝基本稅額 310 萬－一般所得稅額 137 萬＝173 萬

同上例，假設王先生當年度只有海外所得 130 萬元，沒有非現金捐贈，也沒有收到保險死亡給付。綜合所得淨額 550 萬加海外所得 130 萬，即為基本所得額 680 萬，減掉免稅額 670 萬後，乘上稅率 20%，得出基本稅額 2 萬。由於「基本稅額」2 萬小於「一般所得稅額」137 萬，所以王先生不用再補繳任何的最低稅負了，其計算如下：

基本所得額＝綜合所得淨額 550 萬＋海外所得 130 萬＝ 680 萬

基本稅額＝（680 萬－免稅額 670 萬）×20% ＝ 2 萬 （低消金額）

6

志玲姐姐哭了 vs. 林若亞笑了
〈師字輩的執行業務所得〉

臺灣第一名模林志玲，曾被臺北市國稅局查到漏報 2003 年至 2005 年的所得稅，補稅加罰共計千萬元。

國稅局認定林志玲的所得為「薪資所得」，當年度只能扣除 7.5 萬的薪資扣除額（現已調整為每人 20 萬），而林志玲則主張，她的收入應該是屬於「執行業務所得」，可將收入減掉 45％的直接必要費用後的餘額，作為所得。不過，經過請求訴願，美麗的志玲姐姐仍然敗訴，補繳約 684 萬的稅金定讞（詳見圖表 1-1、1-2、1-3）。

「執行業務所得」和「薪資所得」到底差在哪裡？居然讓報稅的金額差距這麼大？

首先，我們得先替執行業務者下定義。**執行業務者依照《所得稅法》第 11 條第 1 項規定，是指律師、會計師、建築師、技師、醫師、藥師、助產士、著作人、經紀人、代書人（地政士）、工匠、表演人、物理治療師及其他以技藝自力營生者。**

繼續林志玲的案例解析。**執行業務者有一個很重要的精神，就是須「自力營生」**，由於林志玲為表演人身分，應該會請褓母（助理）、大量買衣服治裝費、通告接洽等開銷費用。而當年林志玲本身屬於經紀公司凱渥的旗下藝人，非自行獨立接洽工作，當然無須自行處理各項活動接洽、聘任助理，治裝費等也都是向經紀公司核銷。所以國稅局視其為領取經紀公司的薪資，而非執行業務所得。

　　如果可以重來，志玲姐姐有沒有更好的方法來節稅？當然有。如果是**經紀公司承接合約**，經紀公司再轉給藝人執行，並約定所有成本均由經紀公司負擔，藝人則不能再報執行業務所得，僅可報薪資所得。但假設是**藝人承接合約**，轉請經紀公司來執行，並因此支付經紀費用，那麼藝人還是可以主張扣除必要成本。

　　執行業務所得可作帳減除成本、費用及損失，規定與營利事業所得稅相同，若沒作帳，可依照財政部所頒布的「執行業務者收入及費用標準」，扣除費用標準後為所得額，即以收入的多少百分比當作費用來減除之意。以下列出較常見的費用標準率：

- 律師、會計師、地政士、記帳士、公證人、專利商標代理人 30％
- 建築師、技師、不動產估價師 35％
- 醫師藥師類 20％～ 78％
- 保險經紀人 26％
- 一般經紀人 20％
- 著作人找出版社出版（非自行出版）、畫家 30％，著作人自行出版 75％
- 表演人、節目製作人 45％
- 程式設計師、精算師、命理師 20％

　　（還有許多類別可以查詢財政部頒布每個年度的「執行業務者費用標準）。

　　由於執行業務所得，可依財政部所頒布的執行業務者收入及費用標準，扣除費用標準後為所得額，因此比薪資所得的特別扣除額

高出許多，以致許多不是執行業務所得的人，例如保險業務員和受僱醫生，也有意無意的申報執行業務所得，這樣下來稅負少很多，對此國稅局十年來有幾次的查稅動作都引起爭訟（近年執行業務所得爭訟案見下頁圖表 1-9）。

近年來最常發生爭議的，就是保險公司的業務員。爾後，法院傾向認定，若保險員自行負擔資金風險，並且自備工作場所、工具設備等，可屬於執行業務所得。

關於保險佣金，保險業務員與保險公司（包括保險代理人公司及保險經紀人公司）如果不具「**僱傭關係**」，由業務員「**獨立招攬業務**」並「**自負盈虧**」，公司也不會為該業務員提撥勞工保險、全民健康保險及退休金等。那麼該業務員依招攬業績計算，而從保險公司領取的佣金收入，得依《所得稅法》第 14 條第 1 項第 2 類規定，**減除直接必要費用後的餘額，為執行業務所得**。

如果保險業務員未依法辦理結算申報、或沒有設帳記載及保存憑證，以及未能提供證明所得額之帳簿文據者，可依財政部核定一般經紀人之費用率計算其必要費用。

保險業務員所謂的獨立招攬業務，並自負盈虧的要件包括：自行負擔資金風險，且自備工作所需要的工具及設備等。若保險公司無償提供通訊處處所等設備，或劃定公共區域提供保險業務員使用，那該業務員從保險公司領取的佣金收入，則為薪資所得。

醫師的收入歸類原則也採取相同的概念，只要是與醫療院所有僱傭關係，就屬於薪資所得。若是合夥聯合執業，每位合夥醫師皆須承擔醫院的盈虧，並依合夥契約拆帳分配盈餘，即屬於執行業務所得。

那麼，專收講師費、經常四處奔波講課的老師及顧問，他們的鐘點費是薪資所得？還是執行業務所得？

某公司邀請甲君至其公司，對員工上有關技術商品化及資訊管理的課程，並給付 1.6 萬給甲君。之後甲君申報綜合所得稅時，將

圖表 1-9　近年執行業務所得爭訟案判決

當事人、時間	南山人壽保險員（2003 年）	前總統陳水扁女婿趙建銘案（2004 年）	藝人張惠妹（2005 年）名模林志玲（2011 年）	名嘴姚立明（2010 年）
爭議過程	保險員將取得報酬，申報執行業務所得，國稅局認定為薪資所得，連補帶罰。	趙建銘代言臍帶血廣告，國稅局認定為薪資，非執行業務所得。	經紀公司與邀約單位簽約，安排藝人演出，並且領取全額演出酬勞，扣除佣金後，其餘款項交付藝人。而藝人主張領取報酬為執行表演業務所得，但國稅局認定是薪資所得。	姚立明向六家電視公司領取車馬費、酬勞，並以執行業務所得申報，但國稅局認定為薪資所得。
法院見解	法院認為保險員與南山人壽為僱傭關係。**敗訴**	法院認為，由於代言行為是宣傳、推廣，並非醫療專業判斷，無法認定為醫師「技藝」。**敗訴**	經紀公司對外簽約，是以公司名義為之，非自居代理人。藝人不得擅自對外簽約，與經紀公司存在僱傭關係。**敗訴**	參與節目來賓不負擔各節目經營成本及盈虧風險，所以此收入應視為薪資所得。**敗訴**

這筆酬勞申報為稿費（執行業務所得），而因為這筆費用沒超過 18 萬，所以免稅。但後來他卻遭到國稅局的查核要求補稅。為什麼會這樣？

是授課還是講演？報稅大不同

《所得稅法》函令規定，營利事業開課或舉辦各種訓練班、講習會、研討會、座談會、研習營及其他類似性質等活動，聘請人員講授課程、主持會議或發表言論所發給的鐘點費，屬於薪資所得。所以該公司因該活動屬於授課性質，應該開立薪資所得扣繳憑單給甲君，而甲君則應申報為薪資所得才是正確的。

也就是說，如果公私機關、團體、事業及各級學校，開課或舉辦各項訓練班、講習會及其他類似性質活動，聘請授課人員講授課程，所發給授課人員的鐘點費，屬於「**授課鐘點費**」，即為薪資所得。

反之，公私機關、團體、事業及各級學校只是單純的聘請學者、專家就某一議題做專題演講，並非屬於訓練研習的一部分課程，那麼給付講師的酬勞則屬於「講演鐘點費」，而且該項收入與稿費、版稅、樂譜、作曲、編劇、漫畫等各收入，全年合計沒超過 18 萬即可定額免稅。但超過 18 萬以上的所得仍應課徵綜合所得稅（即執行業務所得，自行出版扣減 75%、非自行出版扣減 30%）。

此處所指的授課人員，不因身分而有所不同；此處所指的課程，也非一般課程或專業課程之分，換句話說，**就算授課人員是專家或學者，而授課內容為專業性的專題演講，但只要屬於整個訓練課程的一部分，那麼該授課人員所領取的酬勞仍屬於授課鐘點費，類別**

為薪資所得,不能歸類為講演鐘點費。

　　所以關鍵在於,只要是一次性的講演,授課講師不需要按照排定課程上課,就可以歸類為「講演鐘點費」,即執行業務所得,一年有 18 萬的定額免稅。講演鐘點費及授課鐘點費該怎麼區分,詳見圖表 1-10。

同樣是名模,為何林志玲敗訴,林若亞勝訴?

　　前面提到有臺灣第一名模之稱的林志玲,被國稅局查到漏報

圖表 1-10　講演鐘點費 vs. 授課鐘點費

比較項目	適用內容	所得類別	注意事項
授課鐘點費	公私機關、團體、事業及各級學校開辦業務講習會、訓練班或開課等,聘請授課講師講授課程,且與學校老師性質相似,都須按照排定課程上課(即使是其中的一堂課也算)。	薪資所得	該活動屬於授課性質,應該開立薪資所得扣繳憑單給授課講師,而授課講師則應申報為薪資所得。
講演鐘點費	公私機關、團體、事業及各級學校聘請學者或專家一次性的專題演講,而且不需要按照排定課程上課。	執行業務所得	該項收入與稿費、版稅、樂譜、作曲、編劇、漫畫等各收入,全年合計沒超過 18 萬元即可定額免稅。但超過 18 萬元以上的所得,仍應課徵執行業務所得。

2003 年至 2005 年的綜合所得稅，是因為國稅局認定林志玲的所得為「薪資所得」，而非「執行業務所得」的案例。

這讓我想起另一位名模林若亞於 2006 年報稅時，同樣不滿國稅局認定其所得為薪資所得，對此聲請釋憲，然而，此次司法院大法官會議做出釋字第 745 號解釋，認定國稅局不准薪資所得者列舉扣除的法令違憲，要求財政部 2 年內完成檢討及修正，才促成了財政部研議薪資可以依特定費用減除，也就是所謂的「林若亞條款」。

我不是名模也適用嗎？ 2020 年報稅就可以

因應大法官釋字第 745 號解釋，行政院於 2018 年底前通過俗稱「名模條款」的《所得稅法》第 14 條、第 126 條修正案，財政部規劃未來民眾申報綜所稅時，**薪資所得計算方式可採二擇一方式：定額減除 20 萬元或依特定費用減除**。目前已於 2019 年 1 月 1 日生效實施，可在 **2020 年 5 月**申報綜合所得稅時適用。

可特定減除費用項目，經參考國外立法法例及各界建議，應符合 4 項原則，包含與提供勞務直接相關且必要、勞工的實質負擔、重大性及共通性原則，並規範出 3 項可減除項目：

1. 職業專用服裝費。

職業所必須穿著之特殊服裝或表演專用服裝，其購置、租用、清潔及維護費用。例如名模走秀、劇團表演者或演藝人員為了表演購買服裝等。

2. 職業上工具支出。

購置專供職務上或工作上使用書籍期刊及工具之支出,其效能非 2 年內所能耗竭且支出超過一定金額者,應逐年攤提折舊或攤銷費用。例如美髮師購買理髮刀、教師購買教具等。

3. 進修訓練費。

參加符合規定之機構開設職務上、工作上或依法令要求,需花特定技能或專業知識相關課程之訓練費用。

以上 **3** 項特定費用採單項計算,在報稅時須檢具證明文件,**每人每年減除金額以其薪資所得的「3%」為限**,總計可減除薪資所得的 9%。以下列出 3 種情形,來分辨薪資所得該採定額減除 20 萬,還是依特定費用減除:

舉例 1:甲年薪 200 萬,實際與職業相關的支出為 30 萬,但三項合計最高僅可減除 18 萬(200 萬 × 9% = 18 萬),因此直接採定額減除 20 萬比較有利,而且無須舉證又便利。

舉例 2:乙年薪 300 萬,實際與職業相關的支出為 25 萬,三項合計最高可減除 27 萬(300 萬 × 9% = 27 萬),比定額減除 20 萬優惠,所以乙選擇特定費用減除。

舉例 3:丙年薪 500 萬,實際與職業相關的支出為 40 萬,三項合計最高可減除 45 萬(500 萬 × 9% = 45 萬),比定額減除 20 萬

元優惠。不過，核實扣除上限採用單項計算，丙的薪資所得每項最高僅可減除 15 萬（500 萬 × 3％ ＝ 15 萬），所以如果他治裝費花 20 萬元、進修費用 15 萬、工具費用 5 萬，共計 40 萬，而實際上可減除金額為治裝費 15 萬、進修費用 15 萬、工具費用 5 萬，共計 35 萬。

　　原則上**年薪超過 223 萬以上，報稅時選擇特定費用減除才比較有利**（20 萬 ÷9％ ＝ 222.2222 萬）；一般薪資階級則可採定額減除 20 萬。如果仍不知道到底該選擇哪一種方式報稅比較有利，其實網路報稅軟體會自動幫納稅義務人試算，請各位多加利用。

　　總而言之，選擇定額減除就是無論年薪多少都可減除 20 萬，選擇三項特定費用減除，則是在報稅時必須檢附證明文件，在每項薪資 3％（3 項共 9％）的限額內，從薪資收入中減除。

　　如果自己認為符合可特定減除的範圍，卻有部分單據被國稅局剔除，導致可減除金額反而比定額的 20 萬低時，納稅人還可以改回定額減除申報。所以提醒高薪族，若想要享受新制的好處，2019 年起，為了節省稅負，平時就要有蒐集憑證的習慣，多多準備職業上專用且由自己負擔的單據，包括發票、收據及照片等。

7

包租公、包租婆的
租賃所得

　　曾有一位不到 30 歲的年輕人來我的事務所諮詢，想要做節稅規劃。我便好奇問他從事什麼職業，他說目前沒有工作，但是去年他的父親離開人世，留給他的房子尚有人在承租，所以目前每個月有租金收入約 60 萬，年收入共為 720 萬。

　　他會來找我，是因為他以前的收入很少，每年通常都適用最低綜所稅率 5％來繳稅，自從有了這筆租金收入後，才發現適用的稅率變成 30％，甚至是 40％，要繳的稅提高到一百多萬。

房東可先行核算扣除費，擇高適用

　　租賃所得的申報方式分為兩種，一種是不須任何證明文件，一律以當年度房屋租金收入的 43％列為必要費用（即以房租收入的 57％計入所得額），但土地出租的收入，僅能扣除該地當年度繳納的地價稅，不得扣除 43％的必要費用。

　　另一種是採用列舉扣除的方式，必須逐項提出證明，表示是因租賃而發生之合理、必要損耗及費用，像是房屋折舊、修理費、地價稅、房屋稅及其附加稅捐、以出租財產為標的物的保險費、向金融機構貸款購屋，而出租所支付的利息等。

　　另外，房東所收的押金，應該按照當地銀行業通行的一年期定

期存款利率，計算租賃收入，若將押金存放在銀行或從事投資產生的所得，已如實報繳所得稅者，其押金依法設算租金課稅時，可以先減除運用押金產生的孳息等收入後再報稅。

舉例來說，甲房東租辦公室給乙，租金每月 10 萬，但乙在承租時需支付 100 萬押金。甲房東將押金存放於銀行，每年有 1 萬的利息收入。

甲房東應申報的租賃收入中，除了每年的 120 萬租金外，向乙收取的 100 萬押金，也應按照銀行通行的 1 年期存款利率，計算租金所得（每年國稅局會規定）。現行假設押金應申報的租賃所得金額是 1.5 萬，此時甲可以扣除押金存放在銀行產生的 1 萬元利息收入後，以餘額 5,000 元做為押金租賃所得報稅。

特別提醒，如果收取租金沒立收據，則要貼印花。例如房東每月收取租金 1 萬，而沒有另開收據，僅在租賃契約上逐月簽章註明收訖者，則該租賃契約就具備了代替銀錢收據的性質，應於每月收款時，依銀錢收據 4‰ 計貼印花稅票 40 元（1 萬 ×4‰ ＝ 40 元）。

假設房客給房東的押金 5 萬元及每月租金 1 萬元，都以支票支付，房東收取支票時，於租賃合約內分別載明票據名稱及其號碼，則保證金應納 200 元及每月租金收入應納 40 元的印花稅，就可以不用繳納。

因為印花稅是課憑證稅，收到錢給對方收據時要貼花，而票據（包括匯票、本票及支票）不是印花稅法規定的銀錢收據，所以可以免貼印花稅票。

周星馳的電影《功夫》裡包租婆的獅吼功，想必讓大家印象深刻。回想電影中的畫面，整個社區都是包租婆的房子。但在現實生

圖表 1-11　個人出售或出租不動產，營利與非營利之課稅比較

項目	營利行為		非營利行為	
	出售	出租	出售	出租
須辦營業登記	有設置營業場所、營業牌號、僱用員工、具有經常性或持續性銷售房屋行為。但房屋取得後逾 6 年始銷售，或建屋前土地持有 10 年以上者，不在此限。	有設置營業場所、有營業牌號、僱用員工	免辦營業登記	免辦營業登記
應納稅捐　營業稅	5%	5%	0	0
應納稅捐　營所稅	20%	20%	0	0
應納稅捐　綜所稅	5%～40%	5%～40%	5%～40%	5%～40%

活中，國稅局認為擁有多間房產，也就是 **6 棟以上，而且有招牌**，以及僱用員工協助處理出租買賣事務，實際上就是**營利行為**。這麼一來，得與一般公司一樣繳營業稅、營利事業所得稅以及印花稅。圖表 1-11 整理出個人出售或出租不動產當中，營利行為與非營利行為的比較。

特別注意的是，個人將所有房屋供他人作營業使用，約定租金偏低時，國稅局得參照當地一般租金情況設算調增租賃收入。

假設甲君申報綜合所得稅，列報其所有房屋出租供 A 公司營業

使用，租賃所得為 100 萬，後來經國稅局查核發現，甲君申報的租金收入，明顯較當地一般租金行情低很多，所以國稅局參照了當地一般租金標準，調增甲君的租賃所得 20 萬，並予以補稅。

甲君不服，向國稅局申請復查，主張由於房屋承租人 A 公司連續多年虧損，經雙方協議同意降低租金，以幫助承租人度過難關，所以確實僅收到租賃所得 100 萬，並無短報情事，不應再任意調增其租賃所得。

而國稅局以甲君所出租房屋約定的租金，顯然比當地一般租金較低為由，稽徵機關依法可以設算方式來認定租賃收入。縱使當事人申報的租金為實際收取的金額，**稽徵機關仍可以將出租人的租金收入調整至一般租金標準。**

原則上，個人綜合所得稅採用收付實現制（按：以現金收到或付出為標準來記錄收入的實現和費用的發生），而這個案例算是收付實現制的例外，縱使當事人約定的租金確實低於一般租金標準，並非低報，國稅局仍然可以基於課稅公平，將出租人的租賃收入調整至一般租金標準來課稅，避免出租人及承租人刻意約定偏低的租金，藉此減少所得稅。

因此，提醒出租人在同意調減租金時，應該要考量當地的租金水準，才不會額外多負擔一筆稅負。

8

有錢人愛入籍新加坡？因為稅率少一半
〈居住者與非居住者之差別〉

臉書（Facebook）共同創辦人之一愛德華多・薩維林（Eduardo Saverin）在 2012 年臉書股票上市前，放棄美國國籍，入籍新加坡。後來，臺灣某知名上市公司的大老闆也學薩維林入籍新加坡。他們為什麼要這麼做？因為納稅身分的不同，所得稅的申報方式及適用稅率也會大不相同。

臉書計劃通過 IPO（按：Initial Public Offerings，指首次公開發行股票，以期募集用於企業發展資金的過程）籌集高達 118 億美元資金（按：約新臺幣 3,636 億），據說薩維林持有臉書約 4% 的股份，按臉書發行價區間上限計算，這些股份的價值約為 38.4 億美元（按：約新臺幣 118 億）。

而薩維林放棄美國國籍，成為新加坡居民，除了可以減少臉書上市所需繳納的稅收，還可以幫助他在未來投資時，避免繳納資本利得稅（按：Capital Gains Tax，簡稱 CGT，對投資者證券買賣所獲取的價差收益徵稅），因為新加坡並沒有資本利得稅。

至於臺灣某知名上市公司的大老闆也學薩維林入籍新加坡，其節稅的原因不太一樣。大老闆的身價早就到了臺灣最高的綜所稅率 40%，但他的國籍改為新加坡後，稅負馬上少一半。為什麼？因為他若變成外國人，只要在臺灣未住滿 183 天，就不算臺灣居住者，依照規定他不必辦理申報，而是直接扣繳稅款。當時臺灣的股利扣

繳稅率只有 20％，而且未來他住在新加坡，當地所得適用的最高稅率當時也只有 20％，難怪這些有錢人都跟著入籍新加坡。

《所得稅法》又是如何區分居住者與非居住者呢？首先，居住者及非居住者的分類非常重要，在每一種賦稅幾乎都會有針對不同的納稅身分，給予不同的申報繳稅方式及不同的稅率適用，進一步而言，節稅模式也不相同（見圖表 1-12）。

圖表 1-12　居住者 vs. 非居住者

項目	納稅身分	
	居住者	**非居住者**
條件	在臺有住所且經常居住。	在臺無住所，同一課稅年度在臺居留天數 < 183 天。
	在臺無住所，但同一課稅年度在臺居留天數 ≧ 183 天。	
申報方式	每年 5 月應辦理結算申報。	無須辦理結算申報，採就源扣繳。
適用稅率	5%～40%	6%～21%

※通常在臺灣有戶籍，即視為在臺有住所。

舉例來說，韓先生從小住在高雄，幾年前出國唸書後，直接待在美國工作，長時間未曾返臺，但他出國前投資購買的股票仍定期發放股利，名下的房屋也以每次預收一年租金的方式，出租給某間企業使用，每年所得額加總大約在百萬元上下。

韓先生有一次自行利用國稅局的報稅軟體試算，發現他在臺灣的收入居然可以退稅，於是他馬上提出申請。

但是，國稅局最後核定韓先生不得退稅。韓先生覺得自己明明就是中華民國的國民，也領有身分證，為什麼還會被國稅局認定不能夠自行結算申報以退稅呢？根據《所得稅法》規定，以下 2 大類屬於居住者：

1. 在我國境內有住所，並經常居住我國境內的人，其認定原則是該人於一課稅年度內，在中華民國境內設有「戶籍」，且有下列情形之一者：

A. 於一課稅年度內，在中華民國境內居住合計滿 31 天。
B. 於一課稅年度內，在中華民國境內居住合計在 1 天以上未滿 31 天，其「生活及經濟重心」在中華民國境內。

這邊所稱的生活及經濟重心在中華民國境內，應衡酌個人之家庭與社會關係、政治文化及其他活動參與情形、職業、營業所在地、管理財產所在地等因素，參考下列原則綜合認定：

A. 享有全民健康保險、勞工保險、國民年金保險或農民健康保險等社會福利。
B. 配偶或未成年子女居住在中華民國境內。
C. 在中華民國境內經營事業、執行業務、管理財產、受僱提供勞務或擔任董事、監察人或經理人。
D. 其他生活情況及經濟利益，足資認定生活及經濟重心在中華民國境內。

2. 在我國境內沒有住所，但是一個課稅年度內在我國境內居留合計滿 183 天以上的人。

以上不屬於前面兩項所稱的個人，即為「非居住者」。以韓先生的例子來看，由於他長時間都在國外，從未曾回臺居住，當年在中華民國的護照上面自然沒有入境超過 31 天的證明，他的生活經濟重心更不可能在臺灣境內，所以國稅局才會核定他屬於非居住者，不能夠用結算申報的方式。

總而言之，財政部針對不同納稅身分，有著不同待遇的繳稅方式以及適用稅率，如果你經常居住在臺灣，且一年內住超過半年，就稱為居住者，自然適用最一般的申報方式，每年 5 月就得乖乖的結算申報，並適用累進稅率 5%～40%（見圖表 1-2）。

反之，你在一年之中於臺灣居留少於半年（183 天），則稱為非居住者。不管是有意還是無意，政府通常認為這種人可能錢賺飽就離開臺灣，會對國庫造成很大的傷害，所以最安全的方法是叫付錢給你的人（扣繳義務人），把總金額的一部分扣下來（約 6%～21%），然後轉繳給政府，這樣的制度稱為「就源扣繳」（Withholding），翻成白話是：「就」你的所得來「源」，「扣」一部分的錢下來，「繳」給政府。像美國、中國、英國、日本等許多國家，都很喜歡用就源扣繳這個方法。

關於居住者的稅率，我會在後面的章節詳細說明，這邊先稍微介紹非居住者常用的扣繳稅率：

● 外資股東（非中華民國境內居住之個人、總機構在中華民國

境外之營利事業）獲配股利或盈餘扣繳率為 21%。

　　●薪資按給付額扣取 18%。全月薪資在行政院核定每月基本工資 1.5 倍以下者，則扣取 6%（按：自 2019 年 1 月 1 日起，每月基本工資由 22,000 元調整至 23,100 元）。

　　●其他（佣金、利息、租金、權利金、執行業務等）多數為 20%。

9

人兩腳錢四腳的金融商品所得課稅
〈基金、股利、投資型保單〉

　　鍾先生投資債券型基金已經很多年了，他投入金額為 2,000 萬，每年的配息率約 3.8%，配息所得共 76 萬（2,000 萬 × 3.8% = 76 萬），申報綜合所得稅時，減掉儲蓄投資特別扣除額 27 萬，加乘上其本身綜所稅稅率為 40% 來計算，要繳綜所稅 19.6 萬（〔76 萬－27 萬〕× 40% = 19.6 萬）。

　　後來他改投資債券，殖利率同樣差不多是 3.8%，配息所得 76 萬。這時他採用分離課稅（詳見 33 頁節稅小辭典），也就是 76 萬 × 10% = 7.6 萬，不再與個人綜合所得稅合併計算。同樣的資金，改成投資債券，省稅利益高達 12 萬，節省 6 成的稅金。

　　什麼是債券型基金？就是由基金公司發行的基金，投資標的是各式各樣的債券。而債券是由政府、銀行或企業發行的借據。

　　為什麼兩者要繳的稅差這麼多？首先，金融商品不斷推陳出新、產品種類多樣化。以往金融商品的課稅範圍，會因其性質或商品包裝方式而不同，因此造成許多投資人的恐慌，不但扭曲金融機構間資源的配置，也連帶影響金融市場發展及國際競爭力。直到 2009 年 4 月修正有關金融商品的課稅規定，個人持有債券等金融商品的利息所得，只要扣繳 10% 至 20% 稅款。

　　基金是國人熱門投資理財工具之一，依照發行公司的不同，可區分為「國內基金」與「國外基金」兩種，而投資兩種的課稅方式

也大不同，可別搞錯了！以下介紹國內基金與國外基金的差別。

如何判斷「國內基金」與「國外基金」？

國內基金是指在國內登記註冊之基金。國外基金則是登記在我國以外地區，大都在有「租稅天堂」之稱的國家註冊，例如盧森堡、開曼群島等，這是由國外基金公司發行，經我國政府核准後在國內銷售之基金。例如：群益印度中小基金，看名稱似乎是投資在海外的印度市場股票，但由於群益投信這檔基金的註冊地是在臺灣，所以應該歸類在國內基金。

需要特別注意的是，基金買賣獲利（資本利得）的課稅標準是以「註冊地區」，而非「投資標的」。然而，基金配發利息或股利的課稅標準是以「投資標的」，而非「註冊地區」。

那麼，買賣基金所發生的損益是否需要課稅？不論個人還是企業買賣基金的損益，皆以**基金註冊地判斷所得來源**，比如**基金註冊地為臺灣**，在國內所產生的損益，由於屬於證券交易所得，自 2016 年起停止課徵，故**免納所得稅**；然而，如果是證券交易損失，當然也不准自所得額中減除。

如果**基金註冊地為境外**，其買賣產生的損益**屬於海外所得**，須計入個人基本所得額申報。

至於**基金所產生的配息**是否需要課稅？基金所配發之利息，其持有人不論是個人或企業，**所得來源屬境內亦或境外，均須計入所得申報課稅**。

個人購買國內基金，投資標的如果是臺灣境內的股票或債券，

圖表 1-13　國內基金與國外基金之課稅差別

基金註冊地	投資地區	收益來源	個人
國內	臺灣	資本利得	證券交易所得（停徵）
		配息	利息所得／股利所得
國內	海外	資本利得	證券交易所得（停徵）
		配息	海外所得
國外	不論臺灣或海外	資本利得	海外所得
		配息	

取得基金配發的股利或利息，應申報個人綜合所得稅，利息部分可以享受 27 萬儲蓄投資特別扣除額，但如果投資標的是境外地區含香港及澳門地區，則投資人取得的股利或利息，屬海外所得，須計入基本所得額申報。此外，海外利息非屬境內來源所得，不課徵二代健保費（見圖表 1-13）。

那麼，投資海外債券的利息所得，與出售海外基金的交易損失可不可以互抵？舉例來說，投資海外債券獲配海外利息所得 1,000 萬，在同一年度也出售海外基金損失 500 萬，則該筆**海外財產交易損失並不能與利息所得互抵**，當年度海外所得申報金額為海外利息所得 1,000 萬。

此外，《所得稅法》規定，民眾申報綜所稅時，若要列報扣除財產交易損失，須檢附有關證明文件，以憑核認，每年度扣除額，以不超過當年度申報的財產交易所得為限。如果當年度沒有財產交

易所得、或是**財產交易所得額比財產交易損失少，還沒有扣除的財產交易損失餘額，可以在以後 3 年度的財產交易所得中扣除。**

　　而海外財產的交易，由於《所得基本稅額條例》規定，海外財產交易損失除了不能從其他所得類別的海外所得中扣除外，海外財產交易若有損失，依法僅能從同一年度的海外財產交易所得中扣除，因此與境內財產交易損益的扣除規定不同，**不得適用 3 年內盈虧互抵的規定。**

哪些金融商品用分離課稅？

　　個人居住者持有公債、公司債及金融債券的利息及下列所得者，應依《所得稅法》第 88 條規定**扣繳 10％ 稅款，且不併計綜合所得總額（即分離課稅）**，同時也不再適用儲蓄投資特別扣除額；非居住者則按 15％ 扣繳率就源扣繳：

　　1. 公債、公司債及金融債券之利息所得。

　　2. 短期票券到期兌償金額，超過首次發售價格部分之利息所得。

　　3. 依《金融資產證券化條例》或《不動產證券化條例規定》，發行之受益證券或資產基礎證券分配之利息所得。

　　4. 以上述 3 款之有價證券或短期票券從事附條件交易，到期賣回金額超過原買入金額部分之利息所得。

　　5. 與證券商或銀行從事結構型商品交易之所得。

　　因為投資債券的門檻不低（按：投資一張債券幾乎動輒 500 萬

元甚至上千萬元），所以持有該金融商品所得的納稅義務人，多數為高資產族群。對喜愛大額度投資以及對綜所稅率超過 12％以上的投資人來說，選擇投資用 10％扣繳（分離課稅）的金融商品像是債券、結構型商品等，就是一個很簡單又符合個人利益的節稅方法。

● 節稅小辭典

投資型保單，獲利部分也要課稅

　　於 2010 年 1 月 1 日以後新訂立的投資型保險契約，投資帳戶獲利的部分應課稅，惟如同個人銀行帳戶，領取時不計入所得稅，也不適用最低稅負制，而係透過保險公司所開立之扣免繳憑單或股利憑單，供要保人據以申報並繳納綜合所得稅。

　　所謂要保人自保單投資帳戶中所獲得的收益，係指「投資收益－成本－必要費用」。

　　在併入個人綜合所得稅時，則應視該投資型保單所連結的投資標的商品類別，分別徵免稅捐。

　　例如：投資標的是金融機構存款利息或收益型基金的時候，就是利息所得，一年超過 1,000 元者，應計入綜合所得總額課稅，並適用 27 萬儲蓄投資特別扣除額；如果是股票型基金及上市櫃公司發放的股利，即是股利所得，目前可以併入綜合所得額或分開計稅；如果投資標的是債券、票券、證券化商品、結構型商品等，則為 10％分離課稅；如果是海外基金則為海外所得，依基本稅額條例計稅。

● 節稅的布局番外篇
股利所得改採二擇一，
看個人所得高低決定

　　過去實行了 19 年的兩稅合一設算扣抵制度，於 2018 年修法正式廢除，未來改採股利所得二擇一的方案。

1. 境內居住者股利所得課稅方式，按下列二擇一適用：

● 合併算再讓你抵：將股利所得併入綜合所得總額課

> 股利有兩種計稅方式，如何選擇？

	股利合併計稅	股利分離計稅
薪資加租金等所得	500,000	500,000
股利所得	100	100
免稅額	88,000	88,000
標準扣除額	120,000	120,000
薪資特別扣除額	200,000	200,000
所得淨額	92,100	92,000
稅率	5%	5%
累進差額	0	0
應納稅額	4,605	4,600
股利可抵減稅 8.5%，上限 8 萬	8	
應繳（退）稅額 A	4,597	4,600
股利分開計稅（28%）B		28
合併報繳稅（A＋B）	4,597	4,628

> 選合併計稅有利

稅，可享有 8.5％的股利可抵減稅額比率，惟每一申報戶以 8 萬的可扣抵金額為上限（舊制依照每張股利憑單上的股利總額計入所得計算稅金，再讓你抵扣憑單上的股利可扣抵稅額）。

●分開算單一稅率：股利所得按 28％稅率分開計算稅額，無可扣抵稅額，與其他類別所得計算之應納稅額合併報繳。

2. 境外居住者及境外法人的股利所得採扣繳方式，扣繳率：21％（舊制為 20％）。

	低薪高股利應選擇分離計稅		高薪只要有股利就應選擇分離計稅	
	股利合併計稅	股利分離計稅	股利合併計稅	股利分離計稅
薪資加租金等非股利所得	500,000	500,000	5,000,000	5,000,000
股利所得	7,311,670	7,311,670	100	100
免稅額	88,000	88,000	88,000	88,000
標準扣除額	120,000	120,000	120,000	120,000
薪資特別扣除額	200,000	200,000	200,000	200,000
所得淨額	7,403,670	92,000	4,592,100	4,592,000
稅率	40％	5％	40％	40％
累進差額	829,600	0	829,600	829,600
應納稅額	2,131,868	4,600	1,007,240	1,007,200
股利可抵稅 8.5％，上限 8 萬	80,000		8	
應繳（退）稅額 A	2,051,868	4,600	1,007,232	1,007,200
股利分開計稅（28％）B		2,047,267		28
合併報繳稅（A＋B）	2,051,868	2,051,867	1,007,232	1,007,228

從上頁圖表可看出來，高所得者，只要有一點股利，就應選擇股利分離計稅較省稅。若只有 50 萬的薪資，股利所得要高達 7,311,670 以上，才應選擇股利分離計稅；反之，低所得並低股利者，應選擇股利合併計稅。

簡單來說，中低所得者適用股利所得合併計稅，高所得者適用股利分離計稅。

股票用個人還是用公司持有，哪一種較節稅？

許多人常問我，股票到底要用個人還是公司持有較節稅？答案是看你主要是以賺價差或領股利為主。如果是以買賣有價證券賺價差為大宗，則因目前證券交易所得停徵，用個人名義持股即可；但是如果是以領股利為主，則要精算比較，分別計算個人股利所得稅（合併計稅或分開計稅），以及用公司持股的所得稅，分析何者稅負較低。

由於公司投資其他國內公司所獲得股利，免繳營利事業所得稅（《所得稅法》第 42 條），公司若保留盈餘不分配，只要繳 5%的未分配盈餘所得稅。所以，通常股利龐大者以公司持有股票較節稅，不過這類規劃要小心誤入實質課稅原則。

10

累進稅率，有錢人的惡夢
〈綜所稅率級距表〉

　　曾有學生在暑假期間打工，單純的將身分證、印章交給他人，還在空白薪資表上簽名、蓋章，不小心被某公司拿去虛報薪資費用，藉以節省營利事業所得稅。到了隔年綜合所得稅大批補稅開徵期間，該名學生的父母反而被國稅局開單補稅。這是怎麼一回事？

　　由於學生打工族的收入，大都合併在父母親的所得中一起申報，公司虛報薪資的人頭，讓繳稅級距跳一級，從原本的 5％，跳到 12％，結果學生打工所賺來的錢，還不夠貼補多跳一個級距所繳的稅金，還真是得不償失！

　　關於稅率，到底是用單一稅率，還是累進稅率（詳見 34 頁節稅小辭典），歷史以來有許多爭論。所得一般的人，希望用累進稅率，可以用較低的稅率繳稅；高所得人士則希望用單一稅率，至少不會用最高的 40％以上來繳稅，因為這樣幾乎把將近一半的所得都送給政府了。

　　公平起見，政府應該會用平均值或中位數 20％來訂定。而最後政府以能力越大，責任越重的概念來決定綜合所得稅率的設計，也就是累進稅率，即所得越高，稅率越重（見下頁圖表 1-14）。

　　不過想一想，有一種稅是國庫主要大補丸，那就是營利事業所得稅，它適用單一稅率，從過去的 25％降到 20％，再降至 17％，現在又回到 20％，很有意思吧！

圖表 1-14　2018 年度與 2019 年度綜合所得稅課稅級距、累進稅率及累進差額

級別	課稅級距	稅率	累進差額
1	0 ～ 540,000	5%	0
2	540,001 ～ 1,210,000	12%	37,800
3	1,210,001 ～ 2,420,000	20%	134,600
4	2,420,001 ～ 4,530,000	30%	376,600
5	4,530,001 以上	40%	829,600

單位：新臺幣。

　　有一則新聞報導指出，國稅局查獲一家公司利用職務之便，向未在公司任職支薪的親戚朋友，借用他們的身分資料，謊報公司員工薪資，逃漏營所稅達 32 萬。稅務員表示，**借用人頭讓公司虛報薪資，最常出現在家族企業**。不少人以為出借身分資料，供企業虛報薪資不會有問題，但實際上已觸犯《稅捐稽徵法》規定，不僅會被補稅帶罰，還會留下刑事紀錄，**最高可處有期徒刑 3 年**。

　　這些借用人頭報薪資費用者，通常會申報多少薪資呢？這個問題等同於，一個人有多少收入以下不用繳到所得稅金？簡易估算，**2018 年薪資收入在 40.8 萬以下不用繳稅**，其計算如下：

8.8 萬（免稅額）＋ 12 萬（標準扣除額）＋ 20 萬（薪資所得特別扣除額）＝ 40.8 萬

　　所以這些報人頭薪資的公司，都會幫每一個人頭列報的上限，

含其他不超過 40.8 萬的所得，這麼一來就不會影響某個人頭的稅負成本。

以為不用繳稅就不需申報？那你虧大了

看到這裡你或許會問，反正我所得 40 萬以下不用繳稅，所以每年 5 月不報稅應該也沒有關係？其實，當年度綜合所得總額未超過免稅額及標準扣除額之合計數（20.8 萬，若有配偶或扶養親屬可再加），依《所得稅法》第 71 條第 3 項規定，可以免辦結算申報者，如果當年度之基本所得額已超過 670 萬，仍應依規定計算、申報及繳納最低稅負。

雖然 2018 年薪資收入在 40.8 萬以下不用繳稅，然而，扣繳憑單上有「扣繳稅額」（就是政府先把你的錢當稅金收走，但之後若發現你不用繳稅就會還你）或「可扣抵稅額」（可以讓你抵銷稅金的金額），例如利息扣繳稅，依法可申請退稅，若你沒申報稅額則無法把之前多繳的稅金退回，真的虧大了！**假設你適用退稅情況，而且是網路申報者，政府將列為首批退稅名單，等於你多了一筆錢。**

因此，不管你要不要繳稅，我仍然強烈建議你要上網申報。當個人所得達到課稅標準而未辦理結算申報，稅捐稽徵機關除了發單補徵本稅之外，尚可依情節輕重程度，按補徵稅款加處 3 倍以下的罰鍰。再者，未結算申報將使「核課期間」（按：規定課稅事實在一定期間內，稅捐稽徵機關得依法發單徵收或補徵稅捐，逾此期間則不得再行核課，即稅捐稽徵機關行使核課權之期間）從 5 年加長至 7 年。由此可知，無論如何，申報遠比不申報好！

第二章

把愛與錢一起傳下去
——遺產稅篇

1

現在就把錢給你，你還會孝順我嗎？
〈財產移轉規劃〉

擔任會計師多年，我最常被人諮詢的，就是財產的移轉。

財富的主人，若是活著的時候就把財產送人，這叫贈與；死後才給，就叫遺產。這兩者都要課稅，只是計算方式不同，金額不一。

但我認為，這兩者最大的差別，其實不在課稅的多寡，而是，財富的主人若選擇生前送人，因為當事人還在世，可以自己親自說明，問題多半不大；若是死後才給，由於當事人已無法說明自己的意願，導致後輩子孫關於遺產的繼承問題紛爭不休。

千萬別以為遺產紛爭這件事，只有上億的有錢人才有。我看過很多一般家庭平常為了一棟房子、一張保險單、一塊土地，甚至一小筆存款的遺產，母子交惡、兄弟互告，在我面前立刻從親人變仇人，令人不寒而慄。

遺產的分配，說穿了就兩個字：「公平」。但由於財產的複雜性及多樣性，公平不見得能實現。這讓我想到古老的阿拉伯世界流傳一則充滿智慧的故事：

有一位老人死後留下了 17 隻駱駝及 1 張遺囑給他 3 個兒子。依照遺囑的分配，老大可以得到一半數量的駱駝，老二得三分之一，老三則是九分之一。這下問題來了，17 隻駱駝是不能整除於 2、3 或是 9（見下頁圖表 2-1），勢必要宰 2 隻駱駝並分屍才可以，但是

死的駱駝又不值錢，三兄弟為了這個問題大傷腦筋，甚至鬧得兄弟
鬩牆，最後沒有辦法，只好請族長裁示。

　　族長了解情況後，他笑咪咪的表示，為了要讓三兄弟和睦相處，
決定再送他們 1 隻駱駝，共湊成 18 隻。依照遺囑，老大可以得 9 隻
駱駝，老二、老三則分別得到 6 隻和 2 隻。有趣的是，三兄弟得到

圖表 2-1　依照遺囑，無法完整分配 17 隻駱駝給三兄弟

		遺囑分配	17 隻駱駝
	老大	1／2	8.5
	老二	1／3	5.7
	老三	1／9	1.9

**圖表 2-2　族長多送 1 隻駱駝，可使三兄弟按照遺囑，完整分
　　　　　 配 17 隻駱駝**

		遺囑分配	17 隻駱駝	＋1 隻駱駝
	老大	1／2	8.5	9
	老二	1／3	5.7	6
	老三	1／9	1.9	2

的駱駝加起來還是 17 隻，多的那 1 隻，仍舊完璧歸趙的回到族長手中（見左頁圖表 2-2）。如此一來，駱駝不會遭到分屍，還可以完全按照他們父親的遺囑，分配 17 隻駱駝。以數量來看，新的方法還比原來該分的還多，沒人吃虧，可謂四贏策略。

我又多想一種情況，假設是 19 隻駱駝又該如何分配？答案是，捐一隻駱駝出來做公益，父母、3 位小孩、社會，打造五贏策略！

一張不清不楚的遺囑，兄弟就此分家

「誰是接班人？」我經常在對企業主講資產傳承的相關主題時，都會說：「事業永續經營要有人接班，財產接班也是如此。」

財富傳承向來就不是一件容易的事，臺灣經營之神王永慶在 2008 年突然病逝後，他的長子要求重新分產、分權的爭端，造成後代子女爭執不休，至今仍未平息；已故長榮集團創辦人張榮發當時曾有感而發，離世前曾在書中說：「不留財產免得子女爭產……。」甚至也有傳聞，他早就把大部分的財產，捐給財團法人張榮發基金會及其他慈善機構……但如此樂善好施的理想，卻在他身故時，因為一張不清不楚的遺囑，讓一切變得更加繁雜，張榮發的大房、二房為爭產鬧得不可開交，導致張榮發二房的獨子張國煒與大房失和，離開長榮航空。

類似的狀況還有，美福企業黃家三兄弟疑似為了爭奪家產，爆發槍擊慘案。有鑑於此，任何人都該越早規劃資產傳承與移轉越好，而且通常必須注意以下 6 大重點及挑戰：

1. 依照意旨。

前幾年爆紅的電視劇《步步驚心》，在最後幾集裡有一個野史的故事——康熙遺詔：雍正把康熙原本想傳位給十四子遺詔中的「十」字改為「于」字，而雍正是在康熙的十幾位皇子中排行第四，改了這關鍵一字，詔書中的「傳位十四子」就成了「傳位于四子」，於是後來變成我們所熟知的雍正皇帝。

依照意旨，是指想傳承的人希望百年之後，繼承者們能夠依照傳承者自己的內心想法去分配財產，甚至決定一手打造的企業由誰來接班經營、發揚光大。

依照意旨是人性，人只要擁有權力或巨額財富，很自然的在生前會渴望大家都聽命於他／她。因此，成功人士往往滿腹理想，希望一手創辦的企業能夠永續經營，也期待子子孫孫能和平相處、合作無間，家訓永傳後世，而不是數典忘祖。

2. 晚年幸福。

太早把財產給小孩，小孩若沒教育好，就代表自己對財產喪失了控制權。俗話說久病床前無孝子，應避免財產太早過給子女，讓小孩有忘恩負義的誘因及機會，造成自己晚年生活潦倒無人理會。這部分與信託有關，第三章第 6 節會特別介紹。記住，**好的傳承模式會牽涉到法律、信託等方法，提前謹慎規劃一定有好處。**

3. 產權完整。

遺留的不動產若是由多位子女共同繼承，可能會導致每個人持分的面積過小，再加上如果子女之間相處不睦、意見不一致，不容

易單獨自建利用或與他人合建，甚至執行土地分割，大田變小田，那麼不動產從此喪失原本該有的經濟價值[1]。

4. 公平分配。

財產一旦無法公平分配，便容易引發爭奪、兄弟鬩牆，甚至若爭執不休導致久未安葬，還不如一開始就捐給慈善機構。

5. 富過三代。

俗話說「富不過三代」。許多家族通常是第一代拚搏、第二代積累、第三代開始揮霍，再來就家道中落了。然而，譽為世界上最強大的家族之一洛克菲勒家族（按：Rockefeller family，是一個美國的工業、政治、石油業和銀行業的家庭，因為長期控制大通曼哈頓銀行，以及涉足政治、軍事、能源、教育、科學、醫藥、生育、農業、食品、戲劇、文學、音樂等重大行業而聞名於世）已經持續繁榮了七代，至今依舊如日中天。為何他們可以做到？關鍵就在於他們懂得如何做資產傳承規劃。

傳承財富，當然是希望讓後代子子孫孫都能夠家庭安穩，並能有所成就。因此，若留給後代龐大遺產，卻未搭配良好的財商教育及理財觀念，往往容易隨意揮霍財產，養成惰性，甚至惹禍上身。

---

1 《土地法》第34-1條規定，共有土地或建築改良物，其處分、變更及設定地上權、農育權、不動產役權或典權，應以共有人過半數及其應有部分合計過半數之同意行之。

6. 節省成本。

如何節省賦稅成本，關係到遺產價值的估算、遺產稅計算與繳納、是否有海外財產及信託、國內外債權債務的確定及清償、是否要主張剩餘財產差額分配請求權等，所以做好節稅的布局真的非常重要。

圖表 2-3　資產移轉的六大考量重點

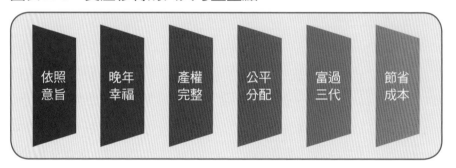

健康時就要布局，重病才想來不及
〈遺產稅〉

　　根據《遺產及贈與稅法》規定，被繼承人死亡遺有財產者，納稅義務人（通常為繼承人）應於被繼承人死亡日起 6 個月內，向國稅局申報。

　　我有一位客戶是臺北市某知名幼教業者。前幾年傳承給第二代，後來創辦人不幸離世，在申報完遺產稅後，收到國稅局來函詢問：「臺端 ×× 父，於十多年來陸續匯出新臺幣約 10 億，請說明資金去向，是否有無處分與獲利，若有獲利，資金又流向何方？」

　　查詢之後才發現，原來多年來，創辦人將所賺到的錢陸續匯到紐西蘭，買不動產、牧場，還擁有許多綿羊，甚至他曾說：「暑假期間聽電臺廣播，不時會聽到王家牧場暑假遊學營的廣告，事實上那就在我紐西蘭的牧場附近，而且我的牧場比他大好幾十倍」。

　　這個案例給我們什麼啟發？

　　一、遺產稅是屬人兼採屬地主義，若被繼承人是境內居住者（有臺灣的戶籍，或死亡前 2 年內居留於臺灣超過 365 天），為屬人主義，所以你的遺產，不論藏在天涯海角，依法皆應併入遺產課稅（見下頁圖表 2-4）！

　　二、你以為平時匯款到國外，國稅局都不知道，其實政府只是不吭聲，默默記錄等著你，當你去跟上帝喝咖啡了，再來算總帳！

圖表 2-4　遺產稅的課徵對象及標的

課徵對象　　　　課徵標的	境內財產	境外財產
中華民國國民＋經常居住境內	✔	✔
中華民國國民＋經常居住境外	✔	
非中華民國國民	✔	✘

趁重病搞鬼？國稅局照樣抓

過去曾有一名納稅人在配偶死亡前兩年，也就是因重病無法處理財產期間，他以密集且巨額的轉帳方式，擅自將配偶在金融機構的 2.04 億的存款，轉自他個人的銀行帳戶，而且在配偶病逝申報遺產稅時，沒有申報他所轉帳的 2.04 億。

事後經國稅局查獲，認定該行為逃漏遺產稅意圖明顯，依《遺產及贈與稅法施行細則》第 13 條規定，將重病期間所提領的 2.04 億的存款，全數併入遺產總額課稅，補徵遺產稅 1.02 億（因該案例發生時間是適用遺產稅舊制，按 50％計徵）。

國稅局除了要求他補稅之外，再依《遺產及贈與稅法》第 45 條規定移罰，經裁處還要再繳納漏稅罰鍰 8,184 萬（依稅務違章案件裁罰金額或倍數參考表處所漏稅額 0.8 倍之罰鍰）。合計在重病期間意圖將存款轉帳的行為，付出 1.8 億餘元的代價，形同其配偶生前轉帳的 2.04 億存款化為烏有。

像以上這樣我們可能以為神不知鬼不覺的搬運大法，仍被國稅

局視為遺產，需扣遺產稅，即擬制財產的情況分為兩種：

1. 將亡贈與——被繼承人死亡前 2 年內贈與配偶、依《民法》1138、1140 條各順序排列的繼承人（直系血親卑親屬、父母、兄弟姊妹、祖父母）及其配偶的財產，視為被繼承人的遺產，併入其遺產總額（若當中已繳贈與稅、土地增值稅及其利息，可以抵稅）。

2. 重病搞鬼——被繼承人在死亡前，因重病無法處理事務期間，舉債、出售財產或提領存款，而其繼承人不能證明對該項借款、價金或存款做了什麼用途，應將上述借款、價金或存款列入遺產課稅。

由此可知，遺產絕對要在人還很健康時就布局，等到生重病才要亡羊補牢，往往都已經來不及了。

遺產總額 ＝ 被繼承人遺產 ＋ 擬制遺產（死亡前 2 年贈與特定對象的財產）

遺產淨額 ＝ 遺產總額 － 免稅額 － 扣除額

應納遺產稅 ＝ 遺產淨額 × 稅率 10 ～ 20% － 累進差額 － 扣抵稅額及利息

假設劉爸爸於 2018 年中不幸與上帝喝咖啡去了，遺有配偶及 2 位滿 20 歲子女，劉爸爸死亡時遺產總額有存款 3 億 3,000 萬，遺產稅怎麼計算？

遺產淨額 ＝ 遺產總額 3 億 3,000 萬－免稅額 1,200 萬－扣除額 716 萬（配偶 493 萬＋兒女 50 萬 × 2 位＋喪葬費 123 萬）＝ 31,084 萬

遺產稅＝遺產淨額 31,084 萬 × 稅率 20% － 累進差額 750 萬＝ 5,466.8 萬

圖表 2-5　遺產稅免稅額、扣除額

	項目	金額	身分	注意事項
免稅額	一般被繼承人	1,200 萬元		
	軍警公教人員因公死亡	2,400 萬元		
扣除額	1. 配偶	493 萬元	限境內居住者	拋棄繼承權者不得扣除
	2. 父母	123 萬元		
	3. 直系血親卑親屬（未滿 20 歲者每年再加扣金額）	50 萬元		
	4. 重度身心障礙者	618 萬元		
	5. 受扶養兄弟姊妹（未滿 20 歲者每年再加扣金額）、祖父母	50 萬元		
	6. 農地農用（土地及地上農作物價值）	全部		
	7. 死亡前 6～9 年內繼承之財產已納遺產稅者	按年遞減 20%		
	8. 喪葬費用	123 萬元	境內發生	
	9. 負債：死亡前未償之債務（含稅捐、罰款）	有證明者		
	10. 執行遺囑及管理遺產必要費用	全部		
	11. 公共設施保留地	公告現值		
	12. 剩餘財產差額分配請求權（少者）	財產差額		

表內數字在未來仍會依物價指數公告調整。

遺產稅怎麼計算？

遺產稅的計算公式如下：

關於免稅額與扣除額之規定，可先看左頁圖表 2-5，我會在第二章第 8 節說明詳細規定。

扣抵稅額及利息是指被繼承人死亡前 2 年內贈與特定的人時，已納贈與稅、土增稅及其利息，還有被繼承人在國外之財產，依財

圖表 2-6　2019 年申報遺產淨額、稅率及累進差額

遺產淨額（元）	稅率	累進差額（元）
0 ～ 50,000,000	10%	0
50,000,001 ～ 100,000,000	15%	2,500,000
100,000,001 ～	20%	7,500,000

圖表 2-7　遺產稅舊制 vs. 新制

遺產淨額（元）	舊制（元）	新制（元）	差額（元）	增加比例
5,000 萬	500 萬	500 萬	0	0
1 億	1,000 萬	1,250 萬	250 萬	25%
2 億	2,000 萬	3,250 萬	1,250 萬	62.5%
10 億	1 億	1 億 9,250 萬	9,250 萬	92.5%

產所在地國法律已納的遺產稅，可以作國外稅額扣抵。

關於稅率，2017 年 5 月遺贈稅新制正式上路，從單一稅率 10%，調整為三級累進稅率，最高達 20%（見上頁圖表 2-6）。

那麼，遺產稅新制、舊制應繳稅金差多少？從上頁圖表 2-7，用遺產淨額 4 種金額來比較新舊制前後稅金的差異。

由圖表 2-7 可以看出，遺產淨額在 5,000 萬以下的時候，新舊制並無差別；遺產淨額 1 億以上時，稅負成本差異有如一輛賓士車；遺產淨額 2 億以上時，稅負成本差異就有如一棟房子；遺產淨額 10 億以上時，稅負成本差異就有如一間臺北蛋黃區 50 坪豪宅。

假設遺產淨額為 2 億時，舊制為單一稅率 10%，遺產稅為 2,000 萬（2 億 ×10%）；新制採取累進稅率 10% 至 20%，遺產稅為 3,250 萬（2 億 × 20%—累進差額 750 萬）。新制比舊制多 1,250 萬。

假設遺產淨額 10 億時，舊制遺產稅為 1 億（10 億 × 10%）；新制遺產稅為 1 億 9,250 萬（10 億 × 20%—累進差額 750 萬）。新制比舊制多 9,250 萬，是不是等於多送政府一棟豪宅？

最療癒老人的事，就是寫遺囑
〈遺囑怎麼交代，才有法律效力?〉

　　常有年長的客戶在跟我討論遺產稅規劃時，抱怨某某小孩不孝順、誰誰誰很現實……許多老人家總是擔心太早把財產給小孩，一旦自己老了、病了，他們會因為財產拿到手，就不懂得孝順及關心自己，甚至有些人還會因為這樣得憂鬱症。

　　這時候我就會勸他們常寫「遺囑週記」，而且要有意無意的讓孩子知道自己有這個習慣。假如你昨天生病住院，大兒子沒來看望你，這有什麼好生氣的？只要在這次的遺囑週記中，把大兒子的繼承比例減少 5％就好；或是今天二女兒陪你去淡水看夜景，讓你心情很好，那就在遺囑週記中把二女兒的繼承比例增加 3％……。

如何立遺囑才有效？

　　《民法》規定遺囑有 5 種：自書遺囑、公證遺囑、密封遺囑、代筆遺囑、口授遺囑。在說明之前，請先看下頁圖表 2-8，這是已故前長榮集團創辦人張榮發的遺囑當中的簽名部分，你覺得這是哪一種遺囑？

　　由於遺囑是在立遺囑人死亡後才生效，因此遺囑內容到底是真是假，有時難以考究，因此，對於遺囑的呈現，法律有明文規定 5 種方法，其他形式則通通無效。根據民法，法定遺囑有下列 5 種（見

圖表 2-8　張榮發的遺囑

五、遺囑執行人

本人指定柯麗卿副總裁、劉孟芳總裁特助、吳界源總裁特助及法務戴錦銓執行長四人為遺囑執行人，遺產之處理，均由本遺囑執行人全權處理。

六、願妻子女及孫輩們，皆能和睦相處，互相照顧。

立遺囑人：張榮發

（簽名）

見證人：①柯麗卿（簽名）

②劉孟芳（簽名）

③吳界源（簽名）

④戴錦銓（簽名）

日期：2014 年 12 月 16 日

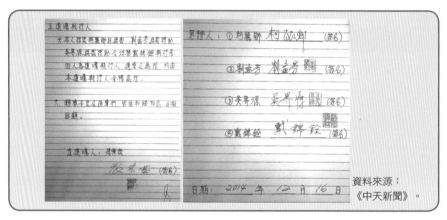

資料來源：《中天新聞》。

圖表 2-9）：

1. 自書遺囑：必須自己親筆寫下遺囑全文，註明年、月、日，並親自簽名，若有新增、減少、修改或塗改等處，則須另外簽名。

2. 公證遺囑：指經公證人公證的遺囑。這必須指定 2 人以上的見證人，口述後須由公證人筆記、宣讀、講解，經遺囑人認可。而且見證人及公證人都必須簽名。

3. 密封遺囑：由自己或他人代寫，密封後向公證人提出，並且必須有 2 人以上見證，並在密封處簽名。

4. 代筆遺囑：由立遺囑人口述遺囑，由他人筆記、宣讀、講解、經遺囑人認可，而且必須指定 3 人以上的見證人在場。

圖表 2-9　法定遺囑的 5 種呈現

遺囑種類	區隔	簽名	見證人	公證人
自書遺囑	本人親自書寫	本人親自簽名	非必要	非必要
公證遺囑	必須經過公證	1. 本人簽名或按指印 2. 見證人、公證人全體皆要簽名	必要，而且須 2 人以上	必要
密封遺囑	必須在遺囑密封後，經由公證人、見證人簽名	1. 本人於遺囑以及密封處簽名 2. 見證人、公證人全體於封面簽名	必要，而且須 2 人以上	必要
代筆遺囑	不是本人親自書寫，而由見證人之一代筆	1. 本人簽名或按指印 2. 見證人全體簽名	必要，而且須 3 人以上	非必要
口授遺囑（緊急）	見證人代筆	見證人全體簽名	必要，而且須 2 人以上	非必要
	本人及全部見證人口述錄音	錄音帶密封，見證人於封縫處簽名	必要，而且須 2 人以上	非必要

5. 口授遺囑：因生命危急或其他特殊情形，可指定 2 人以上的見證人在場，遺囑人口述意旨，由其中 1 名見證人作成筆記，或由見證人全體口述遺囑與姓名，全程錄音後當場密封。

以上 5 種遺囑方式，所有在場人都須簽名，並註明年、月、日。另外，除了自書遺囑之外，公證遺囑、密封遺囑、代筆遺囑、口授遺囑皆可用電腦製作書面代替。

張榮發過世後，他的遺囑在媒體上曝光（見圖表 2-8）。由於張榮發遺囑製作的方式，對照遺囑中張榮發的簽名與內容的字跡似乎不同，內容可能不是張榮發親筆書寫，而是由他人代筆，而且有四位見證人簽名，如此一來可以判斷該份不是自書遺囑，可能是代筆遺囑。

另外，訂立遺囑時，必須特別注意「特留分」，我在後面會詳細介紹（見第二章第 6 節）。

4

能分到多少？先弄清繼承順位
〈哪些人是法定繼承人？〉

2008 年，娶有 3 房妻室及有 9 名子女的台塑集團創辦人王永慶，於睡夢中辭世後，又爆出另有第 4 房及 3 名子女，他的家產繼承問題引起各界廣泛討論。

其實，不只有錢人家如此，由於未立遺囑，使得家族爭產風波紛擾不休，也常發生在市井小民身上。尤其當有多位繼承人時，遺產的分配常引起繼承人的紛爭。所以每一個人都必須認識《民法》親屬及繼承相關的重要法律規定，這樣不但可以保障自身權益，也可以避免不必要的法律風險。

如何算一親等？從己身所出，己身所從出

遺產的繼承，關鍵就在這一句話：「從己身所出，己身所從出」。也就是說，自己親生的小孩算一親等，自己是親生父母所生的，也算一親等。

《民法》第 967 條及第 968 條規定，直系血親者，謂己身所從出或從己身所出之血親；稱旁系血親者，謂非直系血親，而與己身出於同源之血親。

血親親等之計算，直系血親，從己身上下數，以一世為一親等；旁系血親，從己身數至同源之直系血親，再由同源之直系血親，數

至與之計算親等之血親，以其總世數為親等之數。

舉例來說，叔叔是幾親等？從圖表 2-10 可以看出，每一個親生關係都算一親等，所以從自己算起，與父親之間是一親等，與祖父之間是二親等，與叔叔的關係是三親等。

圖表 2-10　叔叔是幾親等？

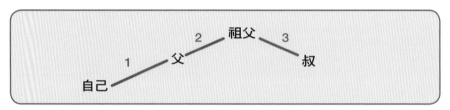

婉君表妹是幾親等？

再來從右頁圖表 2-11 可知，表妹對自己來說，算是四親等。鑑於優生學及善良風俗考量，《民法》規定直系血親及直系姻親不得結婚，旁系血親在六親等以內、旁系姻親在五親等以內輩份不相同也不得結婚。雖然瓊瑤小說裡的婉君表妹非常美麗，但不論你們多麼相愛，依法還是不能結婚生育子女。

誰是法定繼承人？請看家族親等圖表

我有一位客戶是黃金單身女企業家，她沒有小孩、也沒有兄弟姊妹，她年紀不小了、父母也都辭世了，當然可想而知，她的祖父母也不在了。如果有一天她與上帝喝咖啡去了，請問她的遺產由誰

圖表 2-11 家族親等圖表

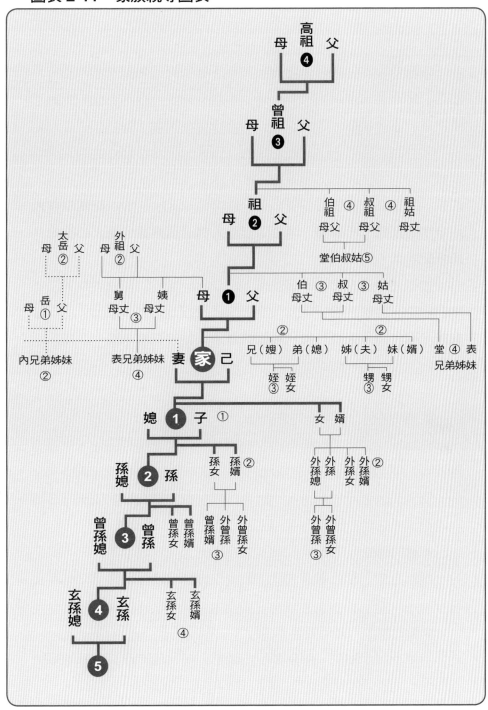

繼承？

當我每次在各大演講場合詢問：「你的財產的繼承第一順位是誰？」時，多半會回答：「配偶」，錯！其實正確答案是配偶與直系血親「卑」親屬。顯然多數人的觀念皆不正確，俗話說：「夫妻同心，其利斷金」，以《民法》的邏輯來說，財產是夫妻兩人同心創造出來的，所以繼承開始時（被繼承人死亡時），有合法結婚的配偶，且未終止夫妻關係者，是「當然繼承人」，所以**配偶沒有繼承順序的問題，不論哪一順位的繼承人都必須跟被繼承人的配偶共同分配財產。**

依據《民法》第 1138 條規定，遺產繼承人除了配偶之外，繼承順序從第一到第四順位稱為血親繼承人。因為有先後順序，所以**當有前一順位繼承人時，後一順位的繼承人就沒有繼承權。**血親繼承人包含（見右頁圖表 2-12）：

● **第一順位：直系血親卑親屬。**

包括婚生子女、經過合法收養的養子女、非婚生子女。以親等近者為先，因此，若兒女已繼承財產，那孫子女就沒有繼承權。

特別提醒，非婚生子女，對生母直接有繼承權，對生父則必須經過認領或撫育才有繼承權。另外，繼子女亦無繼承權。

● **第二順位：父母。**

當沒有第一順位繼承人時，始由父母繼承。包括親生父母與養父母。

● **第三順位：兄弟姐妹。**

若沒有第一順位、第二順位的繼承人時，包括同父同母的兄弟

圖表 2-12　血親繼承人的繼承順位

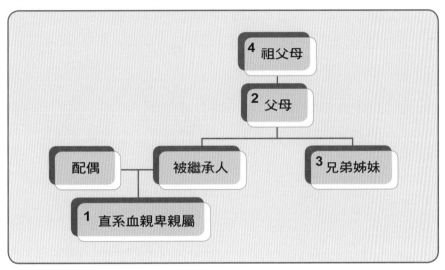

姊妹、同父異母或同母異父的兄弟姊妹、養兄弟姊妹就可以繼承你的財產。

● 第四順位：祖父母。

當沒有第一、第二及第三順位繼承人時，包括祖父母、外祖父母及養父母之父母才可以繼承。

如果以上都沒有人可以繼承，遺產就會收歸國庫。所以，假設有一天前面談到的女客戶與上帝喝咖啡了，但她未婚，沒有小孩、沒有父母及祖父母，也沒有兄弟姐妹，那麼她的遺產便會收歸國庫。

於是，這位女客戶在聽完我演講遺產繼承的內容後，當場恍然大悟，緊張的問我：「怎麼辦？」大家七嘴八舌的建議可以寫遺囑、做信託、買保險、捐贈給公益慈善團體、收養子女、趕快花掉⋯⋯甚至還有人在演講結束後，跑去認這位女客戶當乾姊妹！

　　所以，單身並且沒有小孩的人，是否可以自由指定自己的遺產由誰繼承？答案是可以，執行的方式就是生前寫好遺囑或訂立信託。（《民法》第 1187 條，遺囑人於不違反關於特留分規定之範圍內，得以遺囑自由處分遺產。）

　　老年化及少子化已成趨勢，未來落入上述狀況的人會越來越多。若最後不想把遺產全送給政府的話，提早準備節稅的布局，便顯得特別重要。

5

繼承？你拿到的是錢還是債？
〈限定繼承與拋棄繼承〉

所謂繼承，多數人想到的都是錢，但很多時候，這天上掉下來的禮物，可能不是錢，而是債。俗話說：「父債子還」！

根據報載，中正大學研究所的何同學，從小父親過世，由爺爺扶養，後來爺爺也走了，那時他才 23 歲，卻替過世的爺爺背負七千多萬元的債務。

另一則「母債子還」的故事是，沈同學年僅 15 歲，都還沒讀高中，卻已經扛著過世母親三十多萬元的債務，平常學費得靠他的阿嬤幫人洗碗，但最近阿嬤手受傷，為了獨自扶養 3 個孫子，忍著痛也要工作……切割不斷的債務，讓這個家庭愁雲慘霧。

像這種承接天上掉下來的債務的情況，到底有多常見？一家專職催討各種金融機構、電信業債務的大型資產管理公司指出，依照催收實例來看，主要債務人去世以後，有 8 成以上的親人不懂得「拋棄繼承」，而這些大都是經濟不佳、負債比資產多的弱勢家庭。

其實，親人去世後，發現當事人在外有負債時，《民法》有「拋棄繼承」及「限定繼承」的方式，供繼承人選擇。

2009 年，修正《民法》繼承制度前，原本為遺產概括繼承原則（按：指繼承人概括承受被繼承人財產上的一切權利和義務），修正後已將繼承改為全面性的限定繼承，即繼承人對於被繼承人的債務，以繼承所得遺產為限，超出遺產額度之外的債務無須負責，因

此，**未來將不再有父債子還的情形發生**。

而拋棄繼承，則是繼承人完全不能繼承遺產。

該怎麼評估是否辦理拋棄繼承？除了債務原因之外，還有「隔代繼承」的租稅規劃。例如當第二代已面臨高齡，擔心財產短期內會再次被國稅局課徵遺產稅，因此可經由拋棄繼承的方式，由年紀較輕的第三代來繼承，前提是所有的第二代須一起拋棄繼承。

舉例來說，假設某君遺產約 1 億元，由於他的配偶已經過世，依規定應由某君的子女 A、B、C 三人共同繼承。但 A 向法院主張拋棄繼承，目的是為了讓 A 的子女提前繼承祖父的遺產，省去未來由 A 再繼承移轉給子女的過程中，需要繳交遺產稅。

這種行為是在主張「代位繼承權」，不過法定繼承人須於繼承前死亡或喪失繼承權，他的直系血親卑親屬才能行使代位請求權，因此，A 的子女並沒有行使代位繼承權的權利。總而言之，被繼承人某君所遺留的財產，因 A 拋棄繼承後，依法只能由 B、C 兩人繼承。除非子女 A、B、C 三人皆拋棄繼承，才有隔代繼承的效果。

注意！**申請「拋棄繼承」須在知道可以繼承時起 3 個月內**，向被繼承人死亡時住所地的地方法院，提出拋棄繼承聲請狀及相關資料（被繼承人除戶戶籍謄本及死亡證明書、拋棄繼承人之戶籍謄本、繼承系統表、已通知因其拋棄應為繼承之人之證明、印鑑證明、印鑑章等文件），若逾期未申請則表示放棄該項權利，事後不得以任何理由再向法院提出申請。

另外，你或許會問，如果都沒有子女、也沒有父母、手足、祖父母，那債務會由誰負責？原則上，根據《民法》第 1185 條規定：「第 1178 條所定之期限屆滿，無繼承人承認繼承時，其遺產於清償

債權並交付遺贈物後，如有剩餘的遺產，則歸屬國庫。」因此，無人繼承的遺產由國庫接收，債務也依遺產範圍內清償債務。

● 節稅小辭典

繼承權是不能預先拋棄的，誰都不能強逼你

　　雖然民法規定兩性具有平等繼承財產的權利，然而，臺灣人重男輕女的傳統觀念仍普遍存在，尤其是老一輩的父母，甚至會要求出嫁的女兒拋棄繼承。

　　曾經有女性朋友跑來請教我，她媽媽有時會暗示，希望將來能把財產都給弟弟繼承，雖然家人平時感情不差，父母也會送她一些東西，不過這類偏心及重男輕女的表示，讓她感到非常難過。

　　先撇開公不公平這件事，從父母（被繼承人）的角度來看，生前絕對可以自由支配自己的財產，想送誰都沒問題，只要記得考慮贈與稅。至於身後事，也可以透過生前預立遺囑來做遺產的自由分配，不過要記得繼承人有特留分（法律保障繼承人可取得財產的最低比例）的權利，這在下一節會細詳說明。還有，死亡前兩年內的贈與財產，仍然視為遺產，也不得侵害其他繼承人的特留分。

　　如果從女兒的角度來看，首先，如果父母沒有預立遺囑，只是生前口頭說過希望你拋棄繼承，把遺產都給弟弟，等到父

（續下頁）

母真的過世，你的繼承權利和哥哥或弟弟其實都是相同的，也就是遺產均分。

但如果父母生前要求你簽署拋棄繼承的書面同意書呢？答案是即使你簽了，也沒有法律效用。為什麼？因為**生前拋棄繼承是無效的**。《民法》第 1174 條，拋棄繼承，應於知悉其得繼承之時起 3 個月內，以書面向法院為之。假設父母還沒走，你怎麼會有知悉其得繼承之時起的事呢？也就是繼承權是不能預先拋棄的。若要真的聽媽媽的話，我的朋友就必須在父母過世後，才去法院辦理拋棄繼承。

這位女士聽完我的解說後，突然發現，她的權利目前完全沒有減少，只是媽媽口頭上的安排令她感覺不舒服而已。

6

「陪我最久的就給最多」可以嗎？
〈應繼分與特留分〉

　　關於被繼承人的遺產分配，首先以遺囑為主，若沒有遺囑則由所有繼承人經協議而定。如果明明有繼承權的你，但在遺囑及遺產分割協議上都沒有你的名字時（很多爸爸覺得某個兒子特別不孝，就故意不留遺產給他），就能用最後一招，《民法》特別為你留的——特留分（見圖表 2-13）。

圖表 2-13　遺產怎麼分配？

遺囑	協議	特留分

　　裴姓知名資深製片於 2015 年 5 月病逝，他沒有配偶與子女，身後留下價值約 1 億元的遺產，包括存款及兩棟豪宅，最後依據代筆遺囑，分配給他的徒弟，也就是邱姓與楊姓知名製作人及公司員工，卻沒留給 3 位手足。

　　裴製片的妹妹，質疑代筆遺囑的效力，向臺北地院提告遺囑無效，臺北地院審理後，以遺囑的見證人資格有問題，不符合代筆遺囑要件，判決遺囑無效，邱姓製作人等人敗訴。**就算遺囑的形式有效，裴製片的妹妹（法定繼承人）仍可主張「特留分」的扣減權。**換言之，即使裴製片本意如此，受遺贈人仍必須把遺產中的特留分

先給法定繼承人，才能取得。

什麼是特留分？顧名思義，是特別為你留的那一份遺產。根據《民法》規定，關於繼承有兩個名詞：一個是應繼分、另一個是特留分。

應繼分是指應該為你留的那一份遺產，是按照繼承人的人數計算，每個人可以獲得遺產的比例，譬如有三個第一順位的繼承人，那麼，每個人的應繼分就是三分之一。

應繼分的規定，是被繼承人對於遺產未做任何意思的分配期間，為了讓遺產公平分配，《民法》特別規定共同繼承時，每一個繼承人可獲得遺產的比例。這個比例又因 5 種情況，而有所不同：

1. 若繼承人只有配偶而已，當然由配偶全得遺產；如果被繼承人沒有配偶，則由該順位的繼承人平均分配。

2. 被繼承人有配偶時，若與子女共同繼承，則應繼分由配偶和子女平均分配。

3. 若配偶和父母共同繼承，則配偶先拿一半，其餘由父母平均分配。

4. 若由配偶和兄弟姐妹共同繼承，配偶先拿一半，其餘兄弟姐妹平均分配。

5. **若由配偶和祖父母共同繼承，則配偶先拿三分之二，**其餘三分之一的部分由祖父母平均分配。

特留分則是法律對遺產繼承人的最低保障，除了兄弟姊妹及祖父母等繼承人（兄弟姊妹是第三順位，祖父母是第四順位）的特留

分是應繼分的三分之一外，其餘繼承人的特留分是應繼分的二分之一（如圖表 2-14）。

　　然而，被繼承人有權依照對每位繼承人的偏愛程度，事先訂立遺囑，分配財產，只是訂立的遺囑不可違反特留分的規定，也就是要給予每位繼承人最低限度的保障，所以如果被繼承人生前訂立的遺囑，侵害繼承人的特留分（領太少），該繼承人則可向其他繼承人或受遺贈人主張遺產中的特留分。

圖表 2-14　繼承人的應繼分與特留分之遺產比例

繼承順序	配偶	（一）直系血親卑親屬	（二）父母	（三）兄弟姊妹	（四）祖父母
應繼分	均分	均分			
	1／2		1／2		
	1／2			1／2	
	2／3				1／3
特留分	應繼分的 1／2	應繼分的 1／2	應繼分的 1／2	應繼分的 1／3	應繼分的 1／3

　　由此可知，在預立遺囑及遺產分配，必須考量特留分的議題。

　　假設某位男子身故後，留有配偶及 1 子 1 女，二房育有 2 女，另父、母、兄、弟、妹、祖母、外祖父。若該男子的遺產扣稅後有 2.7 億元，那該男子的繼承人的應繼分與特留分應為多少？答案如下頁圖表 2-15 所示，注意只**要是子女，不管哪一房生的都有繼承權，而配偶就只有法定配偶有繼承權。**

圖表 2-15　2.7 億元的遺產該怎麼分配？

繼承情況	應繼分	特留分
配偶＆直系血親卑親屬	每人 5,400 萬元	每人 2,700 萬元
配偶＆父母	配偶 1.35 億元，父母每人各 6,750 萬元	配偶 6,750 萬元，父母每人各 3,375 萬元
配偶＆兄弟妹	配偶 1.35 億元，兄弟妹每人各 4,500 萬元	配偶 6,750 萬元，兄弟妹1,500 萬元
配偶＆祖父母	配偶 1.8 億元，祖父母各4,500 萬元	配偶 9,000 萬元，祖父母各 1,500 萬元

　　行政院會於 2016 年 3 月 31 日通過《民法》繼承篇大翻修，為了尊重立遺囑人意願以及財產自主，法務部提案降低特留分為應繼分比例。雖然立法院尚未三讀通過，不過若屆時確定三讀通過，配偶、子女、父母的特留分比例，會從應繼分的二分之一降為三分之一，而兄弟姊妹及祖父母的特留分比例，會從應繼分的三分之一降至四分之一。此外，另增訂〈不孝子女條款〉，若兒女惡意不扶養父母，有重大虐待、侮辱或無正當理由不扶養，經父母以遺囑、書面、錄音、記錄影音等形式舉證後，兒女將不得繼承財產。

白髮人送黑髮人，怎麼繼承？

　　那麼，如果是父親比爺爺先過世，孫子的應繼分為何？首先，這跟代位繼承有關。依《民法》第 1140 條規定：被繼承人的直系血

親卑親屬，在繼承前死亡，或喪失繼承權，由其直系血親卑親屬代其繼承。也就是說，父親身故，孫子可以藉由代位繼承的方式繼承爺爺的遺產。不過，仍須注意，只有第一順位的繼承人有代位繼承的權利，被繼承人兄弟姊妹、祖父母的直系血親卑親屬都沒有代位繼承權。

　　也就是說，如果父親比爺爺先身故，等到後來爺爺過世時，孫子可以藉由代位繼承的方式，繼承爺爺的遺產。不過，仍須注意，只有第一順位的繼承人有代位繼承的權利，被繼承人（爺爺）的兄弟姊妹、祖父母的直系血親卑親屬，都沒有代位繼承權。

　　由於代位繼承及隔代繼承，關於應繼分、遺產稅的扣除額，容易搞錯，以下用圖表 2-16 來說明。

　　假設兒子 A 比父親先身亡或喪失繼承權，那麼孫子 X、Y 代位繼承的應繼分、遺產稅的扣除額（詳見本章第 8 節）各為何？

　　原本兒子 A 未亡時，由母親、兒子 A 及女兒甲共同繼承父的遺

圖表 2-16　父親比爺爺先過世，孫子的應繼分為何？

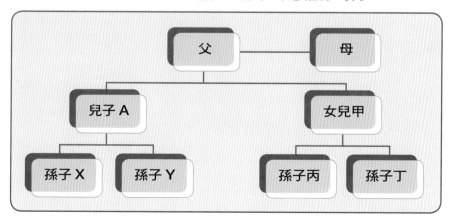

產，而應繼分為各 1 ／ 3。然而，兒子 A 比父先死亡，又因為同輩的女兒甲還在世，依《民法》規定，由其直系卑親屬代兒子 A 的位置，也就是孫子 X 及 Y 只能代位繼承原來兒子 A 的總份額（遺產的 1 ／ 3），所以 1 ／ 3 的份額由孫子 X 及 Y 均分，各得到 1 ／ 6（代替父母的份額，所以只有原父母所應分的為限 1 ／ 3 × 1 ／ 2）。

至於遺產稅的扣除額，原本兒子 A 未亡時，父親的遺產稅有兒子 A 的 50 萬、女兒甲的 50 萬及配偶（母親）的 493 萬的扣除額。現在因為兒子 A 過世，而他的死亡非故意行為，所以最後有多少直系血親卑親屬繼承，就能擁有多少份扣除額，因此父親的遺產扣除額，除了有配偶的 493 萬、女兒甲 50 萬，還有孫子 X 50 萬、孫子 Y 50 萬。

那麼，如果是兒子 A 及女兒甲皆拋棄繼承，孫子可以得到多少應繼分？由於兒子這一輩都拋棄繼承了，依《民法》規定，由孫子 X、Y、丙、丁 4 位隔代繼承，與母親均分，因此 5 位繼承人的應繼分各為 1 ／ 5。

至於遺產稅的扣除額部分，因為拋棄繼承是刻意的行為，所以只能以原父母的為限，也就是原兒子 A 加女兒甲的各 50 萬，共 100 萬，以及配偶 493 萬的扣除額，與未拋棄繼承前相同。

7

在國稅局眼裡，哪些財產最值錢？
〈遺產估價方式〉

　　有一天，我在酒吧聽到 3 位小開正在聊天炫富，他們聊著自己的爸爸多有錢，聽到後來才發現，他們父親的財產都差不多 1 億，只是其中 A 小開的父親大都是存款、B 小開是股票大戶、剩下的 C 小開則是有好幾間房子。

　　我便笑著跟他們說：「雖然 3 位的父親財產都差不多，然而，當你們繼承時，最後拿到的財產卻可能差很多！」他們聽了都驚訝又好奇的問：「為什麼？」原因就在於**遺產的種類不一樣，課稅的計算價值就不同，更精確的來說，稅後財富將大不相同**。

　　計算財產價值，以被繼承人死亡時之「**時價**」為準。這邊指的時價分成：土地以公告土地現值，房屋以評定標準價格為準。

　　投資的部分，上市櫃公司的**有價證券**，原則上**依繼承開始日、該股票的收盤價來計算**。若是興櫃公司的股票，則依當日加權平均成交價來計算。但當日如果無買賣價格時，則依繼承開始日前最後一日該股票收盤價，若價格劇烈變動，則依其繼承開始日前一個月內收盤價來平均計算。

　　如果是初次上市或上（興）櫃股票，在公開市場正式掛牌交易、或開始櫃檯買賣以前，雖然沒有收盤價，但是如果有公開承銷價格，應該依照死亡日股票的承銷價格、或是推薦證券商所認購的價格來計算。

　　而未上市、未上櫃，且非興櫃公司的股票，遺產價值原則上以被繼承人死亡日公司的資產淨值（即股東權益）計算。如果平日有帳務紀錄，並辦理結算申報的獨資或合夥商號的投資也是這樣處理。小規模營利事業，則以登記資本額估算。

　　特別提醒，在計算公司資產淨值時，土地、房屋價值的部分，國稅局可以依照死亡日當期的公告土地現值，及房屋評定標準價格來重新核算，當公告土地現值或房屋評定標準現值，大於公司報表上的帳面價值時，就會被調高計入遺產的金額。

　　另外，公司所累積的未分配盈餘數額，國稅局若抽查到，會以稽徵機關所核定的數字為準。

　　基金的時價為基金淨值，保單為保險合約上的保單價值準備金。我把財產估價方式整理如圖表 2-17，並附上國稅局審核的文件。

　　回到前面提到的 3 位小開，可以從圖表 2-17 了解，雖然他們父親的財產都差不多 1 億元，但是課遺產稅的估價基礎都不一樣。

　　A 小開的父親的財產大都是存款，所以國稅局會從他父親的存款餘額，加應計利息來估價，所以如果先不管利息，他父親留下來的 1 億，乘以 15％遺產稅率，扣掉累進差額 250 萬，大約要課 1,250 萬（1 億 × 15％－ 250 萬＝ 1,250 萬），課稅後 A 小開能繼承到的財產約 8,750 萬。

　　B 小開的父親是股票大戶，國稅局則看他父親過世時，股票市價約多少價位來估價。如果是飆股則留下比較多的遺產，但相對的，B 小開的父親要繳的遺產稅也高。有一種情況更慘，當國稅局要課稅時，被繼承人的股價飆漲，因此被扣比較高的遺產稅，但由繼承

圖表 2-17　遺產估價方式

財產項目		時價估價方式	文件
土地		公告土地現值	土地謄本
房屋		評定標準價格	房屋稅單
存款		存款餘額＋應計利息	存摺
投資	上市、上櫃股票	收盤價	集保存摺股數餘額證明
	興櫃股票	當日加權平均成交價	
	IPO 初上市櫃	承銷價格或券商認購價格	
	未上市興櫃股票、出資額	淨值（有不動產、股票再依時價調整）	資負表、股東名冊
	小規模營利事業（免用發票）	登記資本額	登記文件
基金		基金淨值	對帳單
保單		保單價值	保險契約
債權		債權金額＋應計利息	債權證明
車、船、飛機		淨值＝成本－折舊	買賣契據
珍寶、古物、美術品、圖書		不易確定市價者，由專家估值	估價文件
地上權		依設定之期限及年租	合約
信託利益之權利		信託利益之價值	信託合約
法未規定者		依市場價值估定	證明文件

人承接幾個月後，股價反轉下跌至總價值比 1 億還低，如此一來，B小開從父親得到的財產既扣了很高的遺產稅，還因為股票下跌而縮水了。

　　C 小開的父親則是有好幾間房子，由於不動產是用公告土地現值加房屋評定標準價格來估計遺產總額的時價，所以假設土地在臺北市，而且時價只有市價 1 億的 50％（通常公告現值都比市價低很多），那麼這些不動產計入遺產總額的金額只有 5,000 萬，乘以 10％遺產稅率，遺產稅約為 500 萬（5,000 萬 × 10％ ＝ 500 萬），C 小開得到的稅後財富至少有 9,500 萬（當然還要看不動產之後的價格波動）。

　　有鑑於此，遺產估價方式不同，會影響繼承人最後得到多少財產。若想讓你的子孫都能夠家庭安穩，就要了解相關規則，做好節稅的布局，達到稅後財富最佳化！

8

多少財產以下不用擔心遺產稅問題？
〈遺產稅免稅額、扣除額〉

跟第一章申報所得稅一樣，遺產稅一樣有免稅額與扣除額。

依《遺產及贈與稅法》第 18 條規定，被繼承人如為經常居住中華民國境內之中華民國國民，自遺產總額中減除**免稅額 1,200 萬**；其為軍警公教人員因執行職務死亡者，加倍計算，即 2,400 萬。被繼承人如為經常居住中華民國境外之中華民國國民，或非中華民國國民，其減除免稅額比照辦理。

扣除額則依《遺產及贈與稅法》第 17 條、第 17 條之 1 規定，有 12 種自遺產總額中扣除，免徵遺產稅的情形，依序是（見 143 頁圖表 2-18）：

1. 被繼承人遺有配偶者，自遺產總額中扣除 493 萬。

2. 繼承人為直系血親卑親屬者，每人可以從遺產總額中扣除 50 萬。其中若有未滿 **20 歲者，並得按其年齡距屆滿 20 歲之年數，每年加扣 50 萬**。但親等近者拋棄繼承由次親等卑親屬繼承者，扣除之數額以拋棄繼承前原得扣除之數額為限。

舉例來說，假設被繼承人李君有兩位子女，一位 10 歲、一位 7 歲，依公式計算，10 歲的子女可適用的扣除額是 550 萬（50 萬＋〔20 歲－ 10 歲〕×50 萬元＝ 550 萬），7 歲的小孩可扣 700 萬（50 萬

＋〔20 歲－ 7 歲〕×50 萬＝ 700 萬〕。

3. 被繼承人遺有父母者，父母每人可從遺產總額中扣除 123 萬。

假設甲君死亡時遺有配偶、母親及已成年之子女三人，甲君遺產稅可列報扣除額為 766 萬（配偶 493 萬＋母親 123 萬＋子女 50 萬 ×3 ＝ 766 萬）。

4. 配偶、直系血親卑親屬或父母如果是符合《身心障礙者保護法》第 3 條規定的重度以上身心障礙者，或《精神衛生法》第 5 條第 2 項規定之病人，每人可以再加扣 618 萬。

延續甲君的案例，假設甲君的三位子女當中有一位是重度的身心障礙者，那麼該名子女適用的扣除額合計是 668 萬（成年子女扣除額 50 萬＋身心障礙扣除額 618 萬＝ 668 萬），合計該家庭可列報的遺產扣除額為 1,384 萬（配偶 493 萬＋母親 123 萬＋子女 50 萬 ×3 ＋子女身心障礙 618 萬＝ 1,384 萬）。

5. 被繼承人遺有受其扶養之兄弟姊妹、祖父母者，每人可以從遺產總額中扣除 50 萬。若兄弟姊妹當中有未滿 20 歲者，並得按其年齡距屆滿 20 歲之年數，每年加扣 50 萬。

6. 遺產中作農業使用的農業用地及其地上農作物，由繼承人或受遺贈人承受者，可扣除其土地及地上農作物價值全數的金額。

不過，承受人從承受之日起 5 年內，未將該土地繼續作農業使用，而且沒有在有關機關所令期限內恢復作農業使用、或雖在有關

圖表 2-18　遺產稅免稅額、扣除額

	項目	金額	身分	注意事項
免稅額	一般被繼承人	1,200 萬		
	軍警公教人員因公死亡	2,400 萬		
扣除額	1. 配偶	493 萬	限境內居住者	拋棄繼承權者不得扣除
	2. 父母	123 萬		
	3. 直系血親卑親屬（未滿 20 歲者每年再加扣金額）	50 萬		
	4. 重度身心障礙者	618 萬		
	5. 受扶養兄弟姊妹（未滿 20 歲者每年再加扣金額）、祖父母	50 萬		
	6. 農地農用（土地及地上農作物價值）	全部		
	7. 死亡前 6 ～ 9 年內繼承之財產已納遺產稅者	按年遞減 20%		
	8. 喪葬費用	123 萬	境內發生	
	9. 負債：死亡前未償之債務（含稅捐、罰款）	有證明者		
	10. 執行遺囑及管理遺產必要費用	全部		
	11. 公共設施保留地	公告現值		
	12. 剩餘財產差額分配請求權（少者）	財產差額		

表內數字在未來仍會依物價指數公告調整。

機關所令期限內已恢復作農業使用，而之後又發生沒作農業使用情事者，應追繳應納稅負。但如因該承受人死亡、該承受土地被徵收或依法變更為非農業用地者，則不在此限。

7. 為避免同一筆財產因短期間內連續繼承，而一再課徵遺產稅，加重納稅義務人的負擔，所以規定就該等財產不計入遺產總額、或從遺產總額中按年扣除 20%，以減輕稅負。

也就是說，**被繼承人死亡前 5 年內所繼承的財產已納遺產稅者，不用將該繼承的財產計入遺產總額。**而被繼承人死亡前 6 年至 9 年內，繼承的財產已納遺產稅者，按年遞減扣除 80%（前 6 年），60%（前 7 年），40%（前 8 年），及 20%（前 9 年）。

舉例來說，假設吳君的配偶於 2010 年 4 月 9 日死亡，她遺有土地價值 2,500 萬、房屋價值 200 萬，存款 380 萬，遺產稅經核定並繳清後，土地及房屋由吳君繼承。可是沒過多久，吳君於 2011 年 9 月 23 日死亡，那麼他繼承配偶的土地及房屋，是在他死亡前 5 年內繼承，而且該繼承的財產已繳納遺產稅，因此全數不計入遺產總額。

但如果吳君是在 2016 年 2 月 23 日死亡，距離吳君的配偶離世已過了 6 年，因此吳君繼承配偶的土地及房屋，屬於吳君死亡前 6 年內繼承的財產，而繼承的財產歸為吳君死亡的遺產價值，依他死亡當日的價值計算合計為 3,000 萬，可以扣除 80% 的遺產總額價值，計算下來可扣除 2,400 萬的遺產價額（3,000 萬 ×80% ＝ 2,400 萬）。

特別提醒，該項規定只適用於前次繼承時，已繳納遺產稅的財產，若是前次繼承的財產尚未繳納遺產稅，則無法適用該減免。

8. 被繼承人的喪葬費用，以 123 萬計算。

曾有客戶問我，他父親往生所支付的喪葬費用共計 198 萬，當他申報遺產稅時，可否憑實際支付的單據，全數列報為喪葬費扣除額？事實上，被繼承人的喪葬費用是採定額扣除，不可以按實際支出 198 萬全數扣除，因此納稅義務人在申辦遺產稅的時候，不需要檢附支付喪葬費用的相關憑證資料，而是直接以 123 萬列報扣除就可以了。

9. 被繼承人死亡前，未償之債務，及依法應納的各項稅捐、罰鍰及罰金，具有確實證明者即可扣除。

10. 執行遺囑及管理遺產之直接必要費用全部皆可扣除。

11. 公共設施保留地。

繼承人應附上土地所在地主管機關出具，記載都市計劃編訂日期的土地使用分區證明，以及是否為公共設施保留地，以便國稅局查核。

提醒，如果公共設施保留地在所有權人生前已公告徵收，但是到死亡的時候還沒有公告期滿，那麼這筆公共設施保留地仍然是被繼承人的遺產，免徵遺產稅。但是，如果在所有權人生前已經公告徵收確定，所領取的補償費到死時還沒有支用，或還沒有具領完畢的部分，應該屬於被繼承人的遺產，就這些留下來的數額或還沒領的金額申報課徵遺產稅。

舉例來說，假設劉先生於 2018 年 10 月死亡，遺產中有 1 筆在

金山的公共設施保留地（簡稱公設地），其公告現值為 1,000 萬。金山的那筆公設地在 2018 年 9 月已經被政府公告徵收，但是直到 2018 年劉先生死亡後，仍然還沒公告徵收期滿，所以這筆金山公設地的公告現值 1,000 萬便可以當扣除額。

12. 配偶主張剩餘財產差額分配請求權。

藝人賈靜雯與前夫孫志浩離婚時，雙方吵得沸沸揚揚，除了互爭女兒扶養權外，前夫孫志浩更提出「剩餘財產差額分配請求權」，要求賈靜雯分配 2,600 萬的財產剩餘給他。

這則新聞讓大眾驚問：為何豪門丈夫可以向妻子要求分產？首先，依照我國現行《民法》規定，夫妻財產制分為「法定財產制」與「約定財產制」兩類，其中約定財產制又可再分為「共同財產制」及「分別財產制」。而由於在一般民眾缺乏法律知識的情況下，對於婚姻關係存續中的夫妻財產制未做任何約定、相對保守，所以普遍適用法定夫妻財產制（見圖表 2-19）。

適用法定財產制的夫妻，可以在「法定財產制關係消滅」後，包括離婚或一方配偶死亡，依《民法》第 1030-1 條規定，主張「夫妻剩餘財產差額分配請求權」。簡單來說，就是剩餘財產金額較少的一方，可以向剩餘財產金額較多的一方，提出請求兩人剩餘財產差額一半的權利，目的在於保護婚姻中經濟弱勢的一方。

回到賈靜雯和孫志浩的案例，孫志浩稱在自家集團上班，月薪三萬多元，年薪僅 40 萬元，但賈靜雯婚後依舊拍戲賺錢，另其資產估算上億餘元，所以最後演變成豪門丈夫要求跟妻子分產。

主張剩餘財產差額分配請求權有 3 大注意事項，整理如下：

圖表 2-19　夫妻財產制

法定財產制	約定財產制	
	共同財產制	分別財產制
婚後的財產，夫妻皆各自享有所有權，可以自由管理、使用、收益及處分；各自債務也由各自負擔。（有「剩餘財產分配請求權」）	夫妻兩人在經濟上是緊密的結合，除了以下 3 點外，其他財產都是夫妻雙方所共有。 1. 專供夫或專供妻個人使用之物。 2. 職業上必需的物品。 3. 經別人贈與時，特別用書面聲明，是夫或妻的特有財產。	夫妻各自名下的財產歸各自所有，各自債務也各自負擔，和婚前財產關係一模一樣。 法定財產制的夫妻財產各自所有，債務也各自負擔，與分別財產制又有何不同？兩者最大的差別是，法定財產制有「剩餘財產分配請求權」，而分別財產制沒有。

●剩餘財產差額分配請求權僅限夫妻雙方可以提出，其他人不能代位提出主張。

●夫妻剩餘財產分配屬於請求權，而非物權，若未向國稅局主張時，即表示其配偶不行使該項請求權。

●若主張請求權的是妻子，而妻子也不幸於請求後去世，那麼請求而來的剩餘財產須列入妻子的遺產中，所以妻子的遺產稅將較未請求時多。

特別注意的是，這 12 項扣除額當中，被繼承人若是經常住在國外的中華民國國民，或非中華民國國民者（詳見第二章第 2 節），不適用前面第 1 項至第 7 項之規定。另外，第 8 項至第 10 項的規定，以在中華民國境內發生者為限來扣除。而如果繼承人當中有拋棄繼

承權者，不適用第 1 項至第 5 項的規定（見圖表 2-18）。

　　過去曾有一位王董在申報遺產稅案件時，主張被繼承人生前曾以其股票向第三人質押借款，列報為被繼承人死亡時未償債務，並從遺產總額中扣除。然而，納稅義務人檢附被繼承人於東南亞某國與第三人簽訂的借款契約，雖然已經過該國政府的公證人認證，但債務發生地是在國外，而不是在本國境內發生，不符《遺產及贈與稅法》規定，被國稅局拒絕自遺產總額中扣除該債務。

這些遺產，不計入遺產總額

　　鄭員外是一位非常有愛心的人物，他名下財產有存款 1,000 萬，不動產 5,000 萬，他在遺囑上特別交代老婆及 2 位小孩要把一部分遺產捐給慈善機構。於是繼承人們協議，依照鄭老先生的遺願，把其中一筆市價 1,500 萬的不動產捐給鄭員外生前成立的財團法人鄭氏紀念基金會，作為建設育幼園使用，另外捐贈現金 1,000 萬給基金會，作為育幼園營運基金，所以共捐贈了 2,500 萬。

　　慈善捐贈後，鄭老先生的遺產只剩下一筆市價 3,500 萬的不動產。但因為財產價值的計算，是以被繼承人死亡時的時價為準，所以這筆不動產的土地公告現值及房屋評定現值合計數僅 1,900 萬，再扣除免稅額 1,200 萬及配偶 493 萬及 2 位孩子的扣除額各 50 萬及喪葬費扣除額 123 萬後，合計可以扣 1,916 萬，遺產淨額為負 16 萬元，因此不用課遺產稅。

　　看出鄭老先生節稅的布局了嗎？他正是因為知道捐贈慈善機關的財產不計入遺產總額，所以最後達到稅後財富最佳化！那麼，還

圖表 2-20　哪些遺產不計入遺產總額？

	項目	不計入遺產金額
不計入遺產總額	捐贈政府或非營利團體、公益信託、公共道路	全部
	指定受益人之人壽保險金額	保險性質全部
	軍公教勞工農民保險金額及互助金	全部
	死亡前 5 年內繼承之財產	已納遺產稅者
	日常生活必須之器具及用品	89 萬
	職業上之工具	50 萬

表內數字在未來仍會依物價指數公告調整。

有哪些財產不計入遺產總額呢？依《遺產及贈與稅法》第16條規定，下列各款財產不計入遺產總額（見圖表 2-20）：

1. 捐贈各級政府及公立教育、文化、公益、慈善機關之財產。

2. 捐贈公有事業機構或全部公股之公營事業之財產。

3. 捐贈於被繼承人死亡時，已依法登記設立為財團法人組織且符合行政院規定標準之教育、文化、公益、慈善、宗教團體及祭祀公業之財產。

4. 遺產中有關文化、歷史、美術之圖書、物品，經繼承人向主管稽徵機關聲明登記者。但繼承人將此項圖書、物品轉讓時，仍須自動申報補稅。

5. 被繼承人自己創作之著作權、發明專利權及藝術品。

6. 被繼承人日常生活必需之器具及用品，其總價值在 89 萬以下部分。

7. 被繼承人職業上之工具，其總價值在 50 萬以下部分。

8. 依法禁止或限制採伐之森林。但解禁後仍需自動申報補稅。

9. 約定於被繼承人死亡時，給付其所指定受益人之人壽保險金額，軍、公教人員、勞工或農民保險之保險金額及互助金。

注意，若要保人與受益人不相同之保險死亡給付，必須另行考慮有所得稅中最低稅負制（基本稅額條例）的問題。

10. 被繼承人死亡前 5 年內，繼承之財產已納遺產稅者。

11. 被繼承人配偶及子女之原有或特有財產，經辦理登記或確有證明者。

12. 被繼承人遺產中，經政府闢為公眾通行道路之土地或其他無償供公眾通行之道路土地，經主管機關證明者。但其屬建造房屋應保留之法定空地部分，仍應計入遺產總額。

13. 被繼承人之債權及其他請求權不能收取或行使確有證明者。

有多少財產以上的人才要考慮遺產稅？

通常有配偶者，遺產約 1,800 萬以下（免稅額 1,200 萬＋配偶扣除額 493 萬＋喪葬費用扣除額 123 萬）不用擔心遺產稅的問題；單身無子者則約 1,300 萬以下（免稅額 1,200 萬＋喪葬費用扣除額 123 萬），不用擔心遺產稅。別以為這金額很多，臺北市現在許多房子的公告現值多半超過千萬以上，若再加上銀行存款、股票、基金，要繳遺產稅的人其實不在少數。

9

照顧家人也照顧荷包
〈如何用保險節省遺產稅？〉

　　吳先生及高先生年齡都 55 歲，是好同學也是好朋友，都喜歡跑車，還有美麗的老婆、育有一兒一女，而且兒女皆已滿 20 歲各自成家，更巧的是都各擁有 1 億元財產，其中有 5,000 萬元存在銀行。

　　某次他們一起開跑車，老天卻對這 2 個好兄弟開了一個大玩笑。當時 2 人的跑車發生擦撞，導致雙方皆不幸意外身故，結果，2 個家庭最後繼承的遺產竟然差距高達 554 萬。這是怎麼一回事？

　　吳先生的遺產 1 億元扣掉免稅額 1,200 萬、配偶的扣除額 493 萬元、子女的扣除額 100 萬、和喪葬費 123 萬，合計遺產淨額為 8,084 萬元。乘以遺產稅率 15％，再扣掉累進差額 250 萬，得出吳先生得繳 962.6 萬的遺產稅。因此，吳先生的老婆及小孩繳完遺產稅後，可以繼承 9,037.4 萬，其計算如下：

> 吳先生的遺產淨額＝ 1 億—1,200 萬—493 萬—100 萬—123
> 萬＝ 8,084 萬
> 吳先生的遺產稅＝ 8,084 萬 ×15％—250 萬＝ 962.6 萬
> 吳先生剩餘的財產＝ 1 億—962.6 萬＝ 9037.4 萬

　　而高先生因為有極高的風險意識，所以他將 4,000 萬存款，投保多張以自己為要保人、被保險人及生存受益人的終身還本保險，

而身故保險金則指定由子女均分。如此一來，高先生除了和吳先生扣一樣的免稅額和扣除額之外，根據《遺產及贈與稅法》第 16 條第 1 項第 9 款規定[2]，人壽險金額不計入遺產總額，由於生前的保費使存款減少 4,000 萬，算出遺產淨額為 4,084 萬，再乘以 10％稅率，得出遺產稅要繳 408.4 萬。他的妻小共可繼承 9,591.6 萬（為簡化，本例保額 4,000 萬，通常會更高），其計算如下：

> 高先生的遺產淨額＝ 1 億—1,200 萬—493 萬—100 萬—123 萬—4,000 萬＝ 4,084 萬
> 高先生的遺產稅＝ 4,084 萬 ×10%＝ 408.4 萬
> 高先生剩餘的財產＝ 1 億—408.4 萬＝ 9,591.6 萬

　　看出來了嗎？他們 2 人最大的差別就在於是否有風險意識。由於高先生身故時，子女各自領得的身故保險金，不必課徵遺產稅，而且因為沒有超過 3,330 萬，未達個人基本所得額，不必納入最低所得額計算，因此透過保險規劃，替高先生的家人省下五百多萬元可觀的稅負支出。

　　有鑑於此，**保險的確是節省遺產稅最簡單也是最基本的方法。**然而，既然大家都知道保險有節省稅負的效果，就一定會有人過度使用。本篇首先列表解釋保險到底有多大的節稅效果？再舉出幾項重點，提醒保險給付仍課遺產稅的情況。

---

2 《保險法》第112條規定：「保險金額約定於被保險人死亡時給付於其所指定之受益人者，其金額不得作為被保險人之遺產。」另外，《遺產及贈與稅法》第16條第1項第9款規定：「約定於被繼承人死亡時，給付其所指定受益人之人壽保險金額、軍、公教人員、勞工或農民保險之保險金額及互助金……不納入遺產總額。」

保險節稅的力量

保險可在資產傳承發揮到什麼樣的程度？可以達到 100％的傳承結果嗎？答案是有機會，甚至有可能超過 100％。

假設一位 40 歲父親，有 2 名成年子女，父親資產總額 1 億，他正思考要如何規劃比較節稅，分別有 4 種方式可以計算（為簡化計算，暫先忽略遺產免稅額及扣除額），結果如下頁圖表 2-21：

1. 未作任何事前規劃，把全額遺產 1 億留給下一代。

2. 在每年免稅贈與額度 220 萬以內，生前贈與給小孩 20 年，每位小孩每年受贈 110 萬。

3. 以父親自己為要保人及被保險人，指定 2 位小孩為受益人（保險給付均分），投保年繳 220 萬的 20 年期傳統終身壽險，保險金額為 5,500 萬。

4. 同時實施第 2 種生前贈與及第 3 種保險計劃。

從下頁圖表 2-21 可知，第 4 種方式（生前贈與再加上保險計劃）的傳承比例最高，代表移轉財富的效果最好，顯見保險除了發揮愛與責任的人性，節稅效果也發揮的很好。

不過要注意的是，從 2006 年開始有最低稅負制的問題，每一申報戶身故死亡給付大於 3,330 萬者，超過 3,330 萬的部分開始計入課徵綜所稅中的基本稅額條例。若是購買的是投資型保單，投資部分是要繳所得稅及有可能要繳遺產稅的。

多數情況，只要被保險人與受益人不相同，且有指定受益人之

圖表 2-21　保險節稅效果

保險規劃方式	生前贈與（元）	投保保費（元）	遺產餘額（元）	遺產及贈與稅（元）	保險給付（元）	傳承資產（元）	傳承比例
1 未規劃	0	0	1 億	1,250 萬	0	8,750 萬	88%
2 生前免稅贈與 20 年	4,400 萬	0	5,600 萬	590 萬	0	9,410 萬	94%
3 壽險：年繳保費 220 萬，20 年期	0	4,400 萬	5,600 萬	590 萬	5,500 萬	1.051 億	105%
4 生前免稅贈與 20 年 & 壽險：年繳保費 220 萬，20 年期	4,400 萬	4,400 萬	1,200 萬	120 萬	5,500 萬	1.098 億	110%

1. 遺產餘額：原資產總額 1 億，減生前贈與，再減掉投保投費。
2. 遺產及贈與稅金額：各遺產餘額乘上 10%～20%遺產稅率，再減掉累進差額（見圖表 2-6）。
3. 保險給付：假設保險合約是 20 年期平準終身壽險，要保人及被保險人為父親，受益人為 2 位小孩均分，年繳保費 220 萬，共繳費 20 年，累積保費 4,400 萬，依照國內某保險公司的商品內容，40 歲健康男性，職級 1 類，保險身故給付金額約為 5,500 萬（實際保險給付尚須就個案投保情形為準）。
4. 傳承資產＝生前贈與＋遺產餘額－遺產及贈與稅＋保險給付。
5. 傳承比例＝傳承資產／原資產總額 1 億（代表原資產遺留給下一代的比例）。

保險給付，皆不用計入被保險人的遺產課稅。

特別提醒，現行《遺產及贈與稅法》規定，約定於被繼承人死亡時，給付其所指定受益人之人壽保險金額，不計入遺產總額，指的是要保人與被保險人同一人時，在要保人死亡時，把保單的人壽保險金額給付給指定受益人免計遺產稅。

反之，當要保人與被保險人不同人時，要保人如果以家人為被保險人購買保險，當要保人死亡時，因保險事故尚未發生，並不涉及保險金額給付，但其投保的保單是具有價值的財產，是要作為被繼承人的遺產，應列入遺產課稅。

由於保險公司以往通報給國稅局的資料非常少（見圖表2-22），因此保險是非常好的資金庇護所，但自從最低稅負制及投資型保單開始課稅後，國稅局的那隻稽查之手，將會陸續伸入蒙著面紗的保險工具，所以納稅義務人不可不慎，多加認識保險課稅的規定，宜小心規劃。

圖表 2-22　目前保險公司通報給國稅局的資料

稅目	通報資料內容
一般綜合所得稅	理賠款延滯利息所得及所得稅法各類所得之扣繳憑單。
最低稅負制（基本稅額）	要保人與受益人不同之人壽保險及年金保險，其受益人所領的保險給付。
綜合所得稅─保險費列舉扣除額	人身保險費繳費資料。
大陸地區來源所得	大陸地區來源所得資料。

另外，現在越來越多人喜歡利用保單借款，請特別注意，被繼承人生前之保單的借款，若保險公司於理賠給付金額已扣除保單借款之金額者，繼承人無須再以繼承財產償還之，不可列報扣除額。

舉例來說，臺北高等行政法院曾有一案例，美惠的先生吳昆曾在 1998 年 12 月 24 日向 A 壽險公司投保 2 張躉繳還本型終身壽險，保險金額各為 1,000 萬，每筆保費為 1,329.3 萬。

隔年（1999 年）2 月 3 日及 2 月 11 日，吳昆隨即向 A 壽險公司辦理保單貸款 2,075 萬（分別為 1,036 萬及 1,039 萬），沒料到同年 8 月吳昆便身亡。到了 2000 年 4 月美惠向國稅局辦理遺產稅申報時，將先生積欠 A 壽險公司的 2,075 萬貸款，當做未償債務從先生遺產中扣除，可是臺北市國稅局卻認為該筆貸款算保費的取回，不屬於吳昆生前債務，因此將美惠申報認列的該筆扣除額剔除。

10

保險也有三高，要注意！
〈保險給付仍課遺產稅？〉

徐老先生是一家公司的大股東、資產豐厚，有一次他參加朋友的葬禮，想到人生無常，加上年紀越來越大，若有一天自己也要離開這個世界，那要繳的遺產稅可不少。

他聽說保險給付可以免繳遺產稅，於是他找了保險公司的保險業務員來討論詳細的方法。業務員說，依據《遺產及贈與稅法》規定，**保險死亡給付可以不計入遺產總額，不但如此，被繼承人死亡前未償的債務，也可以從遺產中扣除。**

因此，經過一番討論後，他們想到一個辦法。這個辦法就是由徐老先生投保這家人壽公司推出的「平安幸福還本型終身壽險」，指定由他的小孩當受益人，並且用躉繳方式，一次繳清保費一千多萬，再利用保單質借的方式，向保險公司借 1,000 萬。

如此一來，一旦徐老先生走了，保險公司的保險給付不但可以免稅，借款還可以從遺產中扣除，所以即使保費比理賠金還高，但節稅效果更高。

然而，一年多後，徐老先生因病過世了，他的繼承人主張徐老先生的身故保險給付依法不計入遺產總額，而且在遺產總額中，主張扣除該筆保單借款 1,000 萬元，但國稅局認為這樣屬於故意避稅，所以仍必須依法課稅。

接著，家屬經過訴願無效後，提起了行政訴訟。不過，由於徐

老先生高齡帶病投保，保費高於理賠，而且先以躉繳方式一次付清後，再以保單質押借款……都已經違反一般正常的保險常態，因此法院認為這屬於租稅規避，而不是合法的節稅，判決國稅局以實質課稅原則核實課稅，並不違法。最終，徐老先生的小孩仍必須補繳稅金，並被罰款，真是得不償失呀！

根據《遺產及贈與稅法》第16條不計入遺產總額，其中第9款，約定於被繼承人死亡時，給付其所指定受益人之人壽保險金額、軍、公教人員、勞工或農民保險之保險金額及互助金。

然而，近十多年，越來越多高額保單被課徵遺產稅或贈與稅的判決案例。實務上，稅務機關會綜合個案狀況進行實質認定，如果認定所投保的保單是為了逃避遺產稅，將會依實質課稅原則課徵遺產稅，而這些被補稅的案例有以下共同特色：**高額保單、高齡投保、高資產、短期內死亡、重病投保、躉繳保單。**

這6項常見、應避免的「三高短重躉」，相信一般理財顧問大概都知道，但仍有知其然不知其所以然的情況。那麼，身邊沒有理財顧問的人要如何避免呢？財政部整理了數十個案例，歸納過去被國稅局依據實質課稅原則，而對死亡人壽保險金課遺產稅的特徵，我們現在就來好好弄懂，法官對於保險給付仍課遺產稅情況的真義：

1. 看你的投保目的。

退休規劃所需資金合理嗎？保險金那麼高，真的是為了照顧遺族，還是骨子裡是為了節稅？例如，保額在1,000萬以上到數億的金額，都被認定是巨額投保，而其實對於有需要進行財產轉移的人來說，要超過上述的金額很容易。

2. 看你的身體狀況。

保險是對未知的風險所準備的保障，直到高齡或重病時，才想要投保來規避遺產稅，並不符合保險原則。

●高齡投保：照理說老人家不會想太多，保險公司也不太願意核保。若超過 73 歲投保，通常將被認為高齡投保。不過**實務上，65 歲以上購買保險還是應格外小心稅捐單位的懷疑**。

●重病投保：根據《遺產及贈與稅法施行細則》第 13 條規定，被繼承人死亡前，因重病無法處理事務期間舉債或出售財產，而其繼承人對該項借款或價金不能證明其用途者，該項借款或價金，仍應列入遺產課稅。

所以，包含癌症、高血壓、糖尿病、中風、洗腎、帕金森氏症、失智、憂鬱或老年退化等症狀或疾病，在罹患之後才投保，就有可能被國稅局認為，是想規避稅負。由此可知，儘早投保、趁年輕就投保，除了能讓複利效果倍增外，還有避免被查稅的好處。

3. 看你的投保時間。

這又分成短期死亡及密集投保兩種狀況：

● 短期死亡：多短？依照《遺產及贈與稅法》第 15 條規定：「**被繼承人死亡前 2 年內贈與個人之財產，應於被繼承人死亡時，視為被繼承人的遺產，併入其遺產總額。**」所以，通常短期的定義約為 2 年。不過，實務上也有投保 10 年才過世，卻被查稅的案例。由於國稅局會調閱死者病歷，若他們發現被繼承人投保時，已有癌症、中風、重大手術等高危險的疾病，法院將視當時投保的動機有逃漏稅嫌疑。

●密集投保：什麼事情需要大驚小怪的在兩、三年內累積購買兩張到數十張保險？這類明顯與正常狀況差異大的投保行為，即使國稅局沒發現，保險公司也會互相追蹤通報，避免受到惡意複保險的傷害。

4. 看你的財產多寡。

家財萬貫的你有天離開人世，家人真的會因此生活無助嗎？家裡的經濟生活會匱乏嗎？配偶及小孩真的有差你這張保單嗎？

常見稅務訴願駁回及行政法院判決國稅局勝訴之理由，皆會採用以下的說法：保險的目的，是在分散風險消化損失，即以較少的保費獲得較大的保障。又因《保險法》第112條及《遺產及贈與稅法》第16條第9款前段規定，被繼承人死亡時，給付所指定受益人的人壽保險金額，不計入遺產總額，是考量被繼承人投保的目的，是為了保障並避免受益人因其死亡而生活陷於困境，所以予以免徵遺產稅，而不是鼓勵或讓一般人利用這種方式，任意規避原應負擔之遺產稅。

有鑑於此，對於為了規避遺產稅負，而投保與經濟實質顯不相當之保險者，基於量能平等負擔之實質課稅原則，當然不用適用《保險法》第112條及《遺產及贈與稅法》第16條第9款前段規定。

像一開始徐老先生的案例，他本身就在經營大企業，他的小孩子也都成年，並在父親的企業集團中擔任要角，薪資及配發股票豐厚，基本上沒有父親的遺產也可以繼續奢華消費、安全終老，所以國稅局遇到這種家庭，都會加以嚴查他們生前的投保狀況。

5. 看你的投保行為。

蔡姓老翁生前向某人壽公司投保，即期終身年金保險 11 份，保證期間 15 年，在世時由自己領取每年年金，並指定身故後，保險金的共同受益人為子女及長孫 5 人，保險費高達 1.228 億。

1998 年 7 月，蔡姓老翁以名下土地向銀行設定抵押，以每次借期一年，借款本息到期一次清償的方式，借款 1.23 億元來躉繳保費。當一年借期到期時，先由子女代付利息，等他領到年金後返還，至於本金的部分，再以借新還舊的方式續借。

簡單來說，蔡姓老翁生前抵押不動產，借款一億多元來投保，是為了減輕遺產稅，但弄巧成拙，國稅局認為他舉債投保是為了規避遺產稅，於是在他過世後，仍將留給遺族的保險金給付，以遺產計稅共達近 9,900 萬。遺族收到通知後，便提起行政訴訟。

不過，法院認為，我國男性平均年齡為 72.2 歲，蔡姓老翁卻於 73 歲時，投保證期間高達 15 的年金保險，雖然他生前已領取 5 年的年金，但目的在償還銀行借款利息，而且總計遺族可領的生存及身故年金給付數額，還不夠清償他借款本息，再加上假設是為了排除規避遺產稅的利益，根本沒有實益可言。

而這種行為就稱為「舉債投保」，若被繼承人的遺產稅申報中有列負債扣除，又有大額保險給付，國稅局會追查保費的來源。當他們發現這是來自於向銀行或他人貸款，取得資金進行巨額投保，便會認定這是為了規避遺產稅而作的安排，並依照實質課稅原則，將該筆保單列入被繼承人遺產總額，課徵遺產稅。

總之，人一定要懂風險管理，尤其特地借錢買保險，就是管理過度！

6. 比較你的保費與保險金大小：

以建築業起家、高齡 81 歲的邵董，在 2002 年左右購買了某家保險公司的終身壽險等多張保單，保費高達 2.22 億，保額為 2.2 億，保險受益人是 5 名子女及媳婦。後來 2005 年 6 月邵先生去世時，獲理賠兩億多萬元，卻被國稅局查獲要求補稅。家屬上訴後最終仍然敗訴，應補繳遺產稅及罰款。為什麼？

因為保險應該是繳交小額保費，於未預期的事故發生後，受益人可以獲得較大金額的保障。若保險給付等於或低於已繳保險費，甚至保險給付接近已繳保險費加計利息金額，皆違反保險的本意，自然會被稅捐單位視為規避遺產稅。

金管會曾針對透過保險來規避稅負的投保動機，數度對保戶提出警告，除了傳統壽險金免計入遺產稅課稅，投資及儲蓄型保險，國稅局可以根據《稅捐稽徵法》第 12-1 條規定的實質課稅原則，將給付給指定受益人的保險金，計入遺產進行課稅，甚至如果被認定有逃稅嫌疑，除了補稅以外，還可能額外加罰。

原則上，如果有「指定受益人」的保險，生前透過繳交保費的方式，將財產轉移為保單的價值，死亡後再以保險金給付的方式，的確有機會不計入遺產總額課稅。然而，這只是有機會，並非一定可以。

根據上述情況，在準備節稅布局與資產配置時，一定要思考怎麼善用保險工具，並謹守合理合法的規劃方式，才能永續經營。

第三章

喜歡嗎？送給你
──贈與稅及信託篇

1

送現金，不如給房子
〈贈與稅〉

說完了遺產，接下來談談財產轉移當中的贈與。

目前臺北市仁愛路帝寶一戶大約市價 2.5 億～ 7.7 億，而且有錢還不見得能買到，到底這些豪宅有什麼魅力？讓有錢人拚命買，其實站在他們的觀點來看，豪宅雖然貴，但是能為他們省下的稅，說不定更可觀。

國內某製鞋大廠董事長，是出了名的疼女兒。根據媒體報導，他的 3 位千金先前已經有 2 人獲贈帝寶豪宅，2011 年 8 月底時，他的小女兒也透過贈與方式，成為帝寶的新屋主。外界估計，同樣是 2.5 億，以帝寶贈與，比起用現金贈與，省下的贈與稅超過 2,000 萬。

贈與稅怎麼計算？

贈與人在一年內累計贈與他人的財產總值超過免稅額 220 萬時，30 日內應申報並繳稅。

贈與財產以時價計算，不動產以土地公告現值及房屋評定現值為時價，上市櫃股票以贈與日當天之收盤價為時價。計算公式如下：

> 贈與稅＝（贈與總額－扣除額－免稅額）✕ 稅率 10%～ 20%－累進差額

　　舉例來說，帝寶每戶的土地持分大約 25 坪，以土地公告現值 143 萬計算，價值 3,575 萬，再加上房屋評定價值約 1,000 萬，總計只有 4,575 萬要計稅，其計算如下：

```
25×143 萬＝ 3,575 萬
3,575 萬＋ 1,000 萬＝ 4,575 萬
```

　　比較一下，如果董事長送的是等值現金 2.5 億，只能減去《遺產及贈與稅法》規定每人每年的贈與稅免稅額 220 萬，剩下的全部算進當時稅率 10% 的贈與稅，得繳近 2,500 萬。

　　但如果拿 2.5 億買帝寶，再送給女兒，以剛才算出的公告現值只有 4,575 萬，同樣先減去免稅額 220 萬，再乘以稅率 10%，只要繳 435 萬，比用現金贈與還要少（見圖表 3-1）。由於臺灣不動產的公告現值（計算遺產贈與稅的價值）普遍與市價有不小的差距，所以難怪豪宅再貴，有錢人還是搶著買。

　　立法院於 2009 年 1 月通過《遺產及贈與稅法》修法案，稅率改採單一稅率，從過去最高 50% 大幅降低至 10%。雖然財產移轉的稅負減少，但對有錢人來說，1 億元的財產傳承仍須付出約 1,000 萬的贈與稅或遺產稅。

　　然而 2017 年 5 月，《遺產及贈與稅法》新制正式上路，從單一稅率 10%，再調整為三級累進稅率（見圖表 3-2）。難怪各式各樣的財產移轉規劃，仍有它的市場。

　　《遺產及贈與稅法》規定，「贈與」指財產所有人以自己的財產無償給予他人，經他人接受而產生效力的行為。不論是父母或其

他長輩、親友，只要雙方當事人有贈與合意的事實，就會對贈與人課徵贈與稅。

當然，前面也提過，**每人每年有贈與別人累計不超過 220 萬的免稅額**，但根據《遺產及贈與稅法》第 21 條：「贈與附有負擔者（例如贈與的不動產還有貸款），由受贈人負擔部分應自贈與額中扣除」來看，贈與附有負擔者，由受贈人負擔部分，包括銀行貸款、土地增值稅、契稅、其他贈與附有負擔者，可以從贈與總額中扣除。但要注意，土地增值稅及契稅由受贈人繳納，才會有節稅效果。

舉例來說，假設某父親打算買市價 2,000 萬的不動產，並以貸款的方式購屋後，再將不動產與房貸一同贈與給子女（即房貸未來由子女繼續承受繳付），其中房貸 780 萬，自備款 1,220 萬。然而，

圖表 3-1　直接贈與現金 vs. 先買帝寶再贈與

直接贈與現金	先買帝寶再贈與
2.5 億－ 220 萬＝ 2.478 億 2.478 億 X10% ＝ 2,478 萬	4,575 萬－ 220 萬＝ 4,355 萬 4,355 萬 X10% ＝ 435 萬　勝

圖表 3-2　2019 年申報贈與淨額、稅率及累進差額

贈與淨額（元）	稅率	累進差額（元）
0 ～ 25,000,000	10%	0
25,000,001 ～ 50,000,000	15%	1,250,000
50,000,001 ～	20%	3,750,000

土地公告現值與房屋評定現值合計只有 1,000 萬，若是依照「附有負擔的贈與」的方式贈與。贈與稅的計算，是以土地公告現值加房屋評定現值 1,000 萬元減去房貸的 780 萬（附有負擔的贈與），再減去免稅額 220 萬，結果贈與淨額為 0，也就是這位父親雖然買了一棟市價 2,000 萬的房子給子女，卻不用繳贈與稅。

前面提到遺產及贈與稅在過去為單一稅率 10％，從 2017 年 5 月 12 日以後變成三階段的累進稅率，依序是 10％、15％、20％。用圖表 3-3 簡單試算，贈與稅新制、舊制應繳稅金差多少？

許多人以為新制的贈與稅率從 10％調升至 20％，等於新制的贈與稅比舊制多一倍的稅金，但從圖表 3-3 可以發現，只有在贈與淨額超過 10 億元的情況下，新制贈與稅才比舊制多了一倍。

父母送給女兒的嫁妝，要扣稅嗎？

現代人不想結婚或是晚婚，都跟經濟條件不足有關，但其實有

圖表 3-3　贈與稅舊制 vs. 新制

贈與淨額	舊制	新制	差額	增加比例
2,500 萬	250 萬	250 萬	0	0
5,000 萬	500 萬	625 萬	125 萬	25％
1 億	1,000 萬	1,625 萬	625 萬	62.5％
10 億	1 億	1 億 9,625 萬	9,625 萬	96.3％

個方法能讓子女結婚時，利用贈與額度節稅到極致，而且每當我對各大銀行保險的 VIP 客戶說明這個方法時，年紀稍長、小孩也不小的客戶都會很開心。這個方法是什麼？**由於父母於子女婚嫁時贈與財物，總金額不超過 100 萬，即可不計入贈與總額。**

那麼，假設有對新婚夫妻在年底聖誕節那天結婚，而新郎、新娘的雙方父母共 4 人，他們在子女結婚前後 6 個月內（嫁妝的贈與時效），各贈與 100 萬，年底再贈與 220 萬的免稅額，然後隔幾天，不就到了隔年嗎？這樣每位父母又可以再贈送一次 220 萬（免稅額），總計該夫妻靠一次婚禮即可免稅得到 2,160 萬，其計算如下：

---

1. 婚嫁贈與，每人各 100 萬，共 4 人：
   100 萬✕ 4 ＝ 400 萬。
2. 年終贈與，每人各 220 萬，共 4 人：
   220 萬✕ 4 ＝ 880 萬。
3. 隔年初贈與，每人各 220 萬，共 4 人：
   220 萬✕ 4 ＝ 880 萬。

贈與免稅額＝ 400 萬＋ 880 萬＋ 880 萬＝ 2,160 萬

除了父母於子女婚嫁時所贈與財物，總金額不超過 100 萬，**另外也有不計入贈與總額情況：**

・配偶相互贈與之財產。

・替受扶養人支付生活費、教育費及醫藥費。

・捐贈給政府、公有事業機構、公立教育文化公益慈善機關。

・捐贈給公益財團法人、宗教團體及祭祀公業。

・贈與親人農業使用之農地及其地上農作物,但受贈 5 年內必須繼續農用。

・受益人為不特定人之公益信託。

　　在不計入贈與總額之中,過去也曾發生民眾搞錯規定的情況。臺商張董在 2011 年間贈與 500 萬給大陸地區的公立小學,已超過我國規定當年度贈與稅免稅額,但是張董並未依規定申報贈與稅,經國稅局查獲核定必須繳納贈與稅,並按照核定,應納稅額處以 1 倍的罰鍰。

　　張董不服,主張他贈與 500 萬給大陸地區的公立小學,符合我國《遺贈稅法》第 20 條第 1 項第 1 款,捐贈「公立教育機關」的財產,不計入贈與總額的範圍,依此主張循序提起行政訴訟。

　　由於捐贈公立教育機關的財產不計入贈與總額的租稅優惠,是基於政府稅收本來就須列入公立教育機關經費,另透過民間捐贈公立學校的行為,同樣可以達到相同教育政策目的。所以條款中所稱的「公立教育機關」,自然是指中華民國政府依法令須挹注經費,而為中華民國政府統治權實際所及地區的公立教育機關,而不包含大陸地區的公立教育機關。

　　因此,最後法院判張董敗訴,他仍然應繳納贈與稅。如果張董當初是捐贈給臺灣的公立小學,該款項就不用繳贈與稅了。

什麼行為視同贈與？

王先生花了 2,000 萬買了一間不動產，土地公告現值加房屋評定現值 1,220 萬，他之後又把該房子送給兒子，扣掉免稅額 220 萬，應申報贈與淨額為 1,000 萬，贈與稅 10% 為 100 萬。

另一位李先生花了 2,000 萬買了一間不動產，土地公告現值加房屋評定現值 1,220 萬，但他把房子直接登記在兒子名下，同樣扣掉免稅額 220 萬，應申報贈與淨額 1,000 萬，贈與稅 10% 為 100 萬。

結果王先生及李先生皆忘記申報贈與稅，被國稅局抓到，並要求他們補繳。可是，兩人收到的公文卻不一樣。國稅局要王先生補稅 100 萬，再加罰一倍 100 萬，共 200 萬。而李先生收到的公文則是：「收到通知後 10 日內申報，並繳稅 100 萬」，最後李先生只繳了 100 萬。

以上兩種贈與方式看起來沒什麼兩樣，都是一樣的房價、一樣的時價（公告現值），一個要罰，另一個卻不用罰，而且兩位稅負成本竟然相差一倍。為什麼？這跟「以贈與論」有關。

像李先生買了房子，卻把房子直接登記在兒子名下的這種行為，法律上規定屬於贈與，但由於民間習慣通常不這麼認定，這種情形就會被國稅局「以贈與論」，即視同贈與。

但因為這跟民間習慣有關，所以政府特別訂立有利於納稅義務人的規定：「以贈與論」課徵贈與稅的案件，稽徵機關應先通知當事人於收到通知後 10 天內申報，如逾限仍未申報，再依規定處罰，也就是不會像王先生把房子送給兒子，未申報即有罰款。所以，操作成視同贈與的案件，基本上就已經有免罰的好處了，這就是一種

最簡單的節稅的布局。

視同贈與還有以下幾種常見的情形：

1. 親戚不計較，算了吧──在請求權時效內，無償免除對方或替對方承擔債務。例如：債務人經商失敗，同意不用還債、幫小孩還房貸、信用卡卡費。

2. 喜歡嗎？爸爸買給你──以自己的資金，無償為他人購置財產。例如：幫小孩買車、基金、保險、股票或買房；也就是父親買房子，卻登記子女的名字。特別提醒，不動產簽約人必須是父母；如果不動產簽約及登記皆用小孩名字，卻由父母給付價金，則會變成是一般贈與現金的情況。

3. 幫忙你，便宜你──以顯著不相當之代價，出資為他人購置財產者、讓與財產、免除或承擔債務。例如：股票賣價低於 80%、不動產公告現值 1,000 萬，但只賣 200 萬。

4. 人小房大──限制行為能力人或無行為能力人所購置之財產，視為法定代理人或監護人之贈與。

5. 親兄弟明算帳──二親等以內親屬間財產，雖然用買賣的方式移轉財產，但是國稅局通常不太相信，通常要有還款能力和資金來源才行。

以上若能證明支付之款項屬於購買人所有，而且該已支付之價款非由出賣人貸與、或提供擔保向他人借得者，可以不當作是贈與。

● 節稅小辭典

　　贈與免稅額是每人每年給 220 萬不用繳稅，不是一個人只能「收」220 萬，因為贈與稅是課贈與人，而不是受贈人。所以少子化之後的小孩們有福了，之前的年代是兩個孩子恰恰好，所以每位孩子一年只能收到 220 萬，父母都不用繳稅。少子化以後，極可能越來越多的夫妻只生一個小孩，想像第二代都只生一個小孩，到了第三代，一位孫子每年可以收到 1,320 萬，6 位贈與人（父、母及祖父母可以各給 220 萬）都不用繳贈與稅。

2

送人房子也有技巧
〈不動產怎麼送人最節稅？〉

　　前面講了關於贈與稅的基本知識，或許你還會質疑，不動產到底如何贈與最節稅？假設某位父親不考慮以繼承的方式轉移不動產，而是準備贈送臺北市大安區價值 3.3 億的不動產給子女，該不動產土地公告現值及房屋評定標準價格合計為 8,000 萬，以下列出 4 種情況，來比較哪一種最省稅：

　　1. 這位父親直接贈與現金 3.3 億，子女再用這筆金額購買不動產，該父親要繳 6,181 萬的贈與稅，其計算如下：

> 贈與稅＝（3.3 億－ 220 萬）X 20%－ 375 萬＝ 6,181 萬

　　2. 這位父親以自己的名義購買不動產，再贈與給子女，因此該父親要繳 1,181 萬的贈與稅，以及負擔契稅等過戶費，而如果是不同年度移轉不動產須再扣土地增值稅，同年度則不用。贈與稅的計算如下：

> 贈與稅＝（8,000 萬－ 220 萬）X 20%－ 375 萬＝ 1,181 萬

　　3. 父親簽約購買不動產，但登記在小孩名下，這位父親支付房

價。因該行為視同贈與，須繳贈與稅 1,181 萬。另外沒有土地增值稅的問題，但還需要負擔一次的契稅及其他過戶費用。贈與稅的計算如下：

$$贈與稅＝（8,000 萬－220 萬）\times 20\%－375 萬＝1,181 萬$$

4. 父親用自己的名義購買房子並支付房價，並向銀行貸款 6,000 萬，之後將附有貸款的房子贈與子女，而且由子女負擔貸款（即附有負擔之贈與），該父親須繳 178 萬的贈與稅，其計算如下：

$$贈與稅＝（8,000 萬－220 萬－6,000 萬）\times 10\%＝178 萬$$

從以上得知，**附有負擔（貸款）之贈與最省稅，這就是所謂的「負債管理」。無債一身輕，在財富傳承的議題上，不見得是好處，適當的擁有負債才是節稅的一大優點。**但仍須注意，子女必須有還款能力，而且不得把父母未來每年的贈與免稅額 220 萬，當作有還款能力的證明。

拿到爸爸贈與的不動產再出售，如何認定成本？

還記得前面國內某製鞋大廠董事長贈與帝寶給女兒節省贈與稅的案例嗎？如果你也跟他一樣有錢，像玩大富翁，每走一格就想買房子，會想按照以上的方式送人不動產，來節那麼多贈與稅嗎？

父母送不動產給子女，是一般人認為最棒的節稅方式，但沒顧

慮到孩子或孫子也會做財富管理，當市場狀況上下波動時，他們會打算賣房，獲利了結。想想看，假設完全沒賺錢，就以原贈與人的買進價格 2.5 億賣出，這時必須繳交多少財產交易所得稅？沒賺錢不需要繳所得稅，但如果是透過贈與，再以 2.5 億售出，需要繳交多少綜所稅？成本如何計算？

　　雖然贈與不動產有節稅的好處，仍應考慮到未來子女出售時的成本問題。由於個人出售因贈與而取得的房屋，須依《所得稅法》第 14 條第 1 項第 7 類第 2 款規定，計算財產交易損益時，可以減除受贈與時該房屋的時價，並應以受贈與時的房屋評定標準價格為準來課徵贈與稅。

　　例如父母以 1,000 萬購買的房屋贈與子女時，是按照房屋評定標準價格 300 萬課徵贈與稅 30 萬（300 萬 ×10% ＝ 30 萬）。之後，子女以 1,200 萬出售該房屋，應以 300 萬計算成本，算出所得為 900 萬（1,200 萬－ 300 萬＝ 900 萬），而不是以 1,000 萬計算成本（所得＝ 1,200 萬－ 1,000 萬＝ 200 萬）。這其中的綜合所得差異頗大，連帶影響該年度適用的稅率，從原本不贈與子女而自行賣掉房子的財產交易所得 200 萬（稅率 20%），變成贈與後子女再將房子賣掉的財產交易所得 900 萬（稅率 40%）。

　　再以國內某製鞋大廠董事長的帝寶贈與案為例，請問若他女兒受贈之後又用 2.5 億把房子賣掉，要繳多少的財產交易所得稅？首先，帝寶一戶大約市價 2.5 億，當時每戶土地持分大約 25 坪，以當時的每坪土地公告現值 143 萬計算，土地公告現值總計 3,575 萬；房屋評定現值約 1,000 萬。

　　以下列出兩種實施房地合一稅前後的狀況（簡化，排除土地漲

價總數額等費用）：

1. 還沒實施房地合一稅之前，是採用土地與房屋稅分離課徵的雙軌制計算，所以財產交易損益，是賣價扣掉土地公告現值及房屋評定現值，再乘以房屋占不動產比例，約為 4,465 萬，按綜所稅率 40%計算，綜所稅約繳 1,786 萬，其計算如下：

財產交易損益＝（2.5 億—4,575 萬）×（1000 萬÷4575 萬）
＝ 4,465 萬
綜所稅＝ 4,465 萬×40%＝ 1,786 萬

由此可知，之前節省的贈與稅 2100 萬，在子女出售該不動產時，依照出售房屋的所得稅舊制，應繳納 1,786 萬，這樣過去所節省的贈與稅幾乎都快吐回去了。

2. 若是依照房地合一稅新制來算，賣價扣掉土地公告現值及房屋評定現值，再乘以稅率（15%～ 45%，詳見第四章第 5 節），須繳 3,064 萬至 9,191 萬的房地合一稅，其計算如下：

房地合一稅＝（2.5 億－ 4,575 萬）×（15%～ 45%）＝ 3,064萬～ 9,191 萬

前面也提到，當初製鞋大廠董事長贈與帝寶豪宅時，贈與稅能節稅約 2,100 萬，然而，若他女兒打算將該不動產出售時，這棟房

子不但沒有賺到錢，依房地合一新制 3,064 萬至 9,191 萬，合併贈與稅及出售房屋的房地合一稅整體稅負，倒虧 964 萬（贈與稅節稅 2,100 萬—房地合一稅多繳 3,064 萬）至 7,091 萬（贈與稅節稅 2,100 萬—房地合一稅多繳 9,191 萬），真是賠了夫人又折兵！

　　還有一種情況是，逐年贈與不動產，假設你預計分十年十等分贈與，登記的權利面積自然也會每年增加十分之一，子女受贈的不動產若有出售，規定與整棟房子贈與後再出售的財產交易所得稅的計算方法一樣，受贈的部分成本，以房屋評定現值計算。

　　實際情況會變成：出售的不動產會拆成二部分去計算，沒有贈與的部分與一般財產交易算法一樣，有贈與的部分計算方法與上述相同。分年贈與不動產的確能節贈與稅，但之後出售時一樣會有綜所稅或房地合一稅較高的問題。

　　國稅局透過地政系統，一定知道子女受贈時的房屋標準評定價格，而且出售房屋的價格也需要實價登錄，所以送房屋給子女時，應將未來所得稅成本，以及子女再行出售的稅負成本列入考量！

　　過去許多人喜歡透過贈與房地產來節稅，但由於受贈人之後可能會出售該不動產，屆時該受贈的不動產，會以「前次移轉現值」當作成本，再計算獲利課徵房地合一稅，而房地合一稅率是 15％ 至 45％（詳見第四章）。

　　經比較分析，是否直接用現金贈與給子女，再以子女名字購買不動產會比直接贈與房產更為有利？這個答案是不一定，看個案而定，因為每個案子都要計算比較，才能知道最適合自己的節稅方法。

　　不過能確定的是，如果這間房子決定要一直傳承下去，子女並不會轉賣該受贈的不動產，那麼，用不動產贈與子女就沒有以上的

綜合所得稅問題。

贈與之後卻後悔，可否撤回？

有時候我們為了節稅而做了錯誤的規劃，誤入補稅罰鍰的窘境，但不用擔心，《民法》及《稅法》常有反悔機制。《民法》第 408 條規定：「贈與物之權利未移轉前，贈與人得撤銷其贈與。其一部分已移轉者，得就其未移轉之部分撤銷之。」

另外，《民法》第 412 條也規定：「贈與附有負擔者，如贈與人已為給付而受贈人不履行其負擔時，贈與人得請求受贈人履行其負擔，或撤銷贈與。」而且，財政部曾函釋：以不動產為贈與者，「在未辦妥產權移轉登記前」，申請撤回贈與稅申報或退還其已納贈與稅款時，應予照准。

特別要提醒的是，**贈與資產給他人，若已申報完成，受贈人也獲得資產**，即為財富「已流動」型態，就算事後違約或撤銷，還是得繳 10％到 20％的贈與稅。

曾有某父親將現金及股票總值約 4,000 萬贈與女兒，並如期辦理贈與稅申報及書立贈與契約書，現金已經轉戶，但股權仍未轉移，結果女兒卻表示不願扶養父親，並到海外打工，父親因此反悔贈與一事，也要求立約撤銷贈與。

不過，國稅局認為該筆資產早已申報，加上現金已轉存女兒帳戶，早已產生物權移轉效力，最後認定該案父親明顯有贈與的意思，而且他的女兒已收受該筆現金，因此符合課徵贈與稅要件，扣除 220 萬免稅額，並適用 15％的級距，即為 567 萬，再減除累進差額 125

萬，最後還是核課該案父親 442 萬贈與稅，其計算如下：

贈與稅＝（4,000 萬－220 萬）X 15%－125 萬＝ 442 萬

所以，贈與財產後可否反悔或撤銷，要看該贈與行為已經進行的階段到哪裡了。例如：父親想將錢財珠寶贈與給子女，後來子女不孝順，父親後悔了。在錢財珠寶還未交付到受贈人手上時，贈與人得依《民法》第 408 條第一項規定，隨時撤銷贈與。

但如果是贈與不動產，贈與人必須在所有權移轉手續完成前，就撤銷贈與。例如，丈夫購買房產登記於妻子名下，後來夫妻失和，丈夫想將房產取回，由於已經辦妥所有權移轉登記，就無法反悔了。

還有一種情況，即使所有權已經移轉，贈與人仍然可行使撤銷權。《民法》第 416 條第一項規定，受贈人對於贈與人，有下列情事之一者，贈與人得撤銷其贈與：

一、對於贈與人、其配偶、直系血親、三親等內旁系血親或二親等內姻親，有故意侵害之行為，依刑法有處罰之明文者。

二、對於贈與人有扶養義務而不履行者。

簡單來說就是受贈人故意侵害贈與人，還有子女不扶養父母的情況，父母皆可以贈與後反悔。

需特別注意《民法》第 416 條第二項規定「前項撤銷權，自贈與人知有撤銷原因之時起，一年內不行使而消滅。贈與人對於受贈人已為寬恕之表示者，亦同。」

3

沒錢繳稅只好拿東西跟政府換 〈遺贈稅實物抵繳原則〉

　　說到遺產及贈與稅，其實是臺灣稅目中唯一可以用現金以外之財產（實物）繳納的稅捐。

　　台塑創辦人王永慶的遺產稅，就是利用該特性來繳納。國稅局認定王永慶的遺產稅是 119 億，王家以實物抵繳 22 億，提出的抵繳標的，包括：股票、債權，以及 365 筆土地。除了 22 億的實物抵繳之外，剩下的 97 億以現金繳納。

　　租稅之債指公法上金錢給付之債的關係，原則上以貨幣債權作為清償手段，在一定要件下，容許遺產及贈與稅以實物抵繳的方式繳納，是體恤納稅義務人原有資力不足所作的規定。

　　不過，按照《遺產及贈與稅法》第 30 條第 4 項規定（司法院大法官會議釋字第 343 號解釋），遺產及贈與稅仍以現金繳稅為優先，當稅額超過 30 萬以上，而且經國稅局判斷納稅義務人確實繳納現金有困難，不能一次繳納現金，才可以用實物抵稅。

　　那麼，國稅局是怎麼判斷納稅義務人繳納現金有困難？現金繳納困難審酌範圍如下：

　　1. 被繼承人、贈與人（受贈人）本身之現金、銀行存款或其他等同現金之項目。

　　2. 被繼承人遺有債權，而且已收取現金（例如保險金⋯⋯）。

3. 被繼承人死亡前 2 年內贈與的現金，業經併入遺產課稅，而且受贈人也為納稅義務人之一。

4. 被繼承人遺留的財產，轉換為現金或銀行存款（例如賣掉土地、股票……）。

至於抵繳方式是什麼？首先，實物抵繳的種類五花八門，例如房屋、土地、上市櫃股票、未上市櫃股票、債權、高爾夫球證等。在這之中又分為易於變價跟不易變價兩種。

易於變價的像是上市櫃股票（有價證券）、易於銷售的住宅或商用不動產等。

不易變價的財產，例如保護區土地受到相關法令規範，有建築使用上的限制，又不能更改原使用用途，所以不容易變價；或未上市櫃股票因市場流通性低，沒有透明成交價格，也不符合易於變價的要件。另外，墓園（含塔位）使用權因沒有明確且客觀的評價方式，也屬於不易變價的標的物。

根據《遺產及贈與稅法》規定，易於變現的實物，按課稅財產價值全額抵繳；不易變現的實物，按抵繳財產占全部課稅財產總值之比例抵繳[3]（見圖表 3-4），其計算公式如下：

---

3 《遺產及贈與稅法施行細則》第46第1項規定：納稅義務人申請以繼承或受贈之課徵標的物抵繳遺產稅或贈與稅者，其抵繳價值之計算，應以該項財產核課遺產稅或贈與稅之價值為準；《遺產及贈與稅法》第30第4項後段規定：如屬不易變價或保管，或申請抵繳日之時價較死亡或贈與日之時價為低者，其得抵繳之稅額，以該項財產價值占全部課徵標的物價值比例計算之應納稅額為限。

不易變價（或保管）的實物得抵繳遺產稅（或贈與稅）的限額
＝依法計算的應納遺產稅額或贈與稅額 × 申請抵繳的財產價值
÷ 全部課徵標的物的遺產總額或受贈財產總額

　　舉例來說，假設邱先生遺產總額 8,000 萬，而其中全部課徵標的物價值僅 6,000 萬（即遺產總額扣除公共設施保留地、免稅之農地及其地上作物等），應納遺產稅額 400 萬，但納稅義務人無法一次繳納現金，而且應納遺產稅額超過 30 萬，所以納稅義務人以被繼承人所遺留的保護區土地（屬於不易變價的財產，核定價值 600 萬）申請抵繳遺產稅。套入上述的公式，不易變價的土地可以抵繳的稅額為 40 萬，其計算如下：

不易變價實物得抵繳遺產稅的限額＝ 400 萬 ×600 萬 ÷6,000 萬＝ 40 萬

圖表 3-4　遺產及贈與稅繳稅及實物抵繳原則

項目		內容
課稅原則		以現金繳納為優先，當稅額超過 30 萬以上，納稅人沒有足夠的現金繳納時，可以用實物抵稅。
抵繳方式	易於變現	按課稅財產價值全部抵繳
	不易變現	按抵繳財產佔全部課稅財產總值之比例抵繳

　　因此納稅義務人僅能移轉等同抵繳稅額 40 萬元的土地持分給國
有登記。

4

不動產如何移轉最節稅？
附房貸最划算

前面向各位介紹贈與稅以及遺產稅的案例中，不斷拿不動產來舉例，那麼，不動產如何移轉給下一代最節稅？

假設某父親有配偶及 2 位滿 20 歲子女，他有價值 3.3 億的不動產（位於臺北市大安區），其土地公告現值及房屋評定標準價格合計為 8,000 萬。這筆財產用生前贈與或繼承移轉給下一代，以及繼承依其所遺的財產為現金或為不動產，所納遺產稅或贈與稅金額會大不相同。用贈與移轉，可分為 4 種方式：

1. 贈與現金。
2. 以父親名義買房，再贈與子女。
3. 父親簽約買房，但登記在小孩名下
4. 以父親名義買房，並借房貸 6,000 萬，再贈與子女，而房貸由子女負擔。

用繼承移轉則可分為 3 種方式：

1. 被繼承人留給繼承人現金。
2. 被繼承人留給繼承人不動產。
3. 被繼承人留給繼承人房貸 6,000 萬的不動產。

綜合以上 7 種方式，來比較不動產如何移轉最節稅，結果如圖表 3-5。

從圖表 3-5 分析來看，不動產以附有房貸繼承最省稅，接著是附有房貸贈與……。不過，自從房地合一稅開始實施後，如果未來有要出售不動產換取現金，則此規劃方式的稅負效果尚需個案分析，才知整體是否較為節稅。

圖表 3-5　附有房貸的不動產，透過繼承移轉最節稅

財產移轉方式		遺產稅或贈與稅計算	稅金
贈與	現金	（3.3億—220萬）×20%—375萬	6,181萬
	以父親名義買房再贈與子女	（8,000萬—220萬）×20%—375萬	1,181萬
	父親簽約買房，但登記在小孩名下	（8,000萬—220萬）×20%—375萬	1,181萬
	以父親名義買房房貸6,000萬再贈與子女且房貸子女負擔	（8,000萬—220萬—6000萬）×10%	178萬
繼承	現金	（3.3億—1,200萬—493萬—50萬×2-123萬）×20%—750萬	5,466.8萬
	不動產	（8,000萬—1,200萬—493萬—50萬×2－123萬）×15%—250萬	662.6萬
	不動產（房貸6,000萬）	（8,000萬—1,200萬—493萬—50萬×2－123萬—6000萬）×10%	8.4萬

※生前贈與不動產須先繳納土地增值稅，繼承則不用。

5

把儲蓄或養老險受益人換成小孩？不妥〈保險課徵贈與稅〉

　　李媽媽有一對兒女，她幫 15 歲的女兒與 16 歲的兒子各買了 1 張 6 年期儲蓄險，年繳保費各 50 萬，投保時以自己為要保人，女兒、兒子為受益人，6 年期滿各可領回 300 萬。

　　李媽媽原本想用這筆費用作為兒女出國的留學經費，沒想到繳費期滿後，卻接到國稅局要求補繳贈與稅 38 萬，同時還因漏報這筆贈與款項，國稅局再開罰 1 倍，總共連補帶罰，補繳 76 萬。

　　為什麼會這樣？張媽媽滿心疑惑的想：「業務員跟我說，每人每年贈與免稅額是 220 萬，我每年才付 100 萬！為什麼要跟我追討稅金？」原來李媽媽將贈與免稅額度解讀錯誤。

　　事實上，李媽媽是要保人，也就是保單所有人，有權解約或變更受益人，但繳費年度不代表已構成贈與。

　　依據《保險法》規定，要保人負有交付保險費義務，又因保單有財產價值的權利，要保人交付的保險費累積利益，屬於要保人所有，所以國稅局認定的，是滿期該年度女兒與兒子（受益人）各收到的 300 萬，才是所謂的贈與，由於金額已超過張媽媽每年贈與免稅額的 220 萬，因此將超出的 380 萬（＝ 300 萬 × 2—220 萬）課以 10％贈與稅 38 萬。

　　李媽媽應該在有贈與事實（子女領取滿期金時）的 30 天內，就超過該年度贈與免稅額的部分報稅，若逾時申報或漏報，除了補稅

之外還會被處以罰鍰。

相信知道這項基本觀念，對於保險規劃是否會涉及贈與稅，便不難理解。接下來，我用以下 3 種情形分別說明是否要繳贈與稅：

1. 要保人與受益人不同。

投保時，因自己的身體狀況無法買保險，便情商配偶當「被保險人」。又因保單滿期時能領回一筆錢，又把「受益人」寫給了兒子，正好可以當作兒子的第一桶金。像這種「要保人」為自己，「被保險人」與「受益人」分別為不同人的隨性安排，未來要特別留意贈與稅的問題。

舉例來說，林媽媽以自己為要保人及被保險人，投保一張有還本金的保單，受益人寫兒子大林。之後卻收到國稅局的補稅通知單，原因是要保人與受益人分屬不同人，要被課徵贈與稅。這是怎麼一回事？

依《保險法》第 14 條規定：要保人對於財產上的現有利益，或因財產上的現有利益而深知期待利益，有保險利益。所以根據要保人與受益人不同的保險契約，**受益人到期所領的滿期金或還本金，屬於要保人對受益人的贈與**，加計當年度其他贈與，如果超過免稅額 220 萬，就要課徵贈與稅。

有鑑於此，這張保單的要保人為林媽媽，財產就屬於林媽媽，無論是還本金、滿期金。只要保險金的領受人不是要保人，就會根據實質課稅原則，課徵稅負。

2. 變更要保人或受益人。

許多人購買保險，以自己為要保人及受益人，後來保單繳費已屆期滿，將有滿期金，便打算變更要保人與滿期金受益人為子女。

然而，由於保單價值屬於財產的一部分，變更要保人及受益人，**相當於將原本個人應得的保險利益，變更為他人所有，屬於財產的無償移轉。除非能證明過去所繳的保費**，實際上均由子女支付，並且提出相關證明文件，否則國稅局將認定為贈與行為，對其課徵贈與稅。

舉例來說，臺北市有位貴婦投保 6 年期養老險，快到期前 4 個月突然把受益人改為兒子，於是到期後壽險公司就將一千多萬的滿期保險給付金，匯入兒子戶頭。事後，被國稅局認定為是贈與行為，不但得補稅，還須付罰鍰，金額高達 500 萬！貴婦心有不甘，便提起訴訟，經過最高行政法院的審理，認為國稅局並無不當，判貴婦敗訴。

如果時光可以倒流，貴婦可以怎麼規劃？以該案例為 6 年期養老險、滿期金一千多萬元推估，每年所繳的保費假設為 200 萬，而貴婦每年贈與兒子 200 萬，等於 6 年共贈與 1,200 萬。

然後在投保之初，就以兒子為要保人，母親以贈與現金的方式每年匯入兒子的戶頭，再由兒子繳付保費。如此一來，只要贈與人每年贈與總額不超過贈與免稅額度 220 萬，就不會發生事後被要求補繳 500 萬的遺憾。

3. 代付保險費。

謝先生本來規劃，每年在贈與稅免稅額度 220 萬內，贈與現金給小孩，但是又擔心小孩會拿去亂花錢，所以就買了一張保單，年

繳保費 220 萬，而且要保人是小孩。但這張保單從父母的帳戶去做扣款或轉帳代繳的動作，其實算是「第三人無償代繳」，因此視同贈與，有可能被課贈與稅的風險。

通常保單簽約時，也就是以子女為要保人及受益人，同時子女也是滿期金與生存金的受益人，所以等到保單期滿、拿到保險金時，在要保人與受益人為同一人的情況下，沒有贈與的問題，節稅空間比較大。

但應留意繳付保險費方面，父母須先把錢放在子女戶頭，再從子女戶頭繳納保險費。由於父母分年贈與的是保險費，而不是要保人給受益人的滿期金或生存金，**所以只要年度所繳保費及其他贈與，總金額低於 220 萬，就不必繳交贈與稅**。

6

避免後代爭產的最好方式
〈信託基本介紹〉

2003 年，知名運動器材公司肯尼士企業，藉由網球拍相關產品行銷全球六十多國，外界估計該企業負責人羅光男身價超過 60 億，但後來他轉投資失當、股價重挫，直到該企業瓦解，羅光男便遁入谷關大道院吃素修行，於是身價 60 億的他竟變成寺廟主持。

從這則真實故事可以看出，羅光男沒做好財產保全措施，導致財產一夕之間消失殆盡。雖然羅光男現今已不在人世，但若他生前懂得如何預先成立信託計劃，相信他的財產仍能依照其先前意志，繼續安排下去。

同年新聞報導，香港藝壇天后梅豔芳罹患癌症病逝，她去世前留下一份遺囑，將其近億元港幣的遺產轉移到某信託公司，而不是交給她 80 歲高齡的母親。為什麼梅豔芳要這樣做？因為她認為母親嗜賭如命、揮霍無度，如果一次把近億元港幣的遺產給她媽媽，很快就會損失殆盡，以致媽媽以後的生活沒有著落。

反之，梅豔芳透過設立信託基金，將自己的遺產委託給專業的信託機構打理，信託公司每個月按照囑託支付幾萬元的生活費給她母親，持續到她去世，這樣她就可以安享晚年。

然而，她的母親仍想要直接得到這筆錢，於是向法院提起訴訟，這場官司持續了 5 年，幸好香港高等法院最終判決梅豔芳遺囑有效，財產繼續由信託公司管理。

由此可知，越是擁有龐大財產者，更應該重視對自己財產的保護、傳承及風險管理。而個人財產信託是實務上常見的兩代資產移轉方法之一，並且可與保險、投資公司、贈與、遺產及繼承等稅務優惠規定相互結合運用。

前幾年，長榮集團創辦人張榮發遺產紛爭一事，社會對其遺囑及傳承規劃有諸多討論。單純以遺囑分配遺產，雖然原則上應該謹遵遺旨，然而公司的控制權取決於誰能掌握具控制力的股權，進而掌控董事會，而遺囑若事前未針對事實狀況，安排縝密的規劃，則效力僅止於後代子孫是否遵循先人所囑。一旦發生子女不服的爭產糾紛，便會在執行上有諸多困難之處。

讓管錢的人不管事，管事的人不管錢

企業主若要避免後代爭產情況發生，創業第一代在分配資產時，即可考慮控股公司加信託架構，即可解決大部分傳承分配問題。而且信託合約明訂未來財產管理及分配方式，在確保企業永續經營的前提下，信託內的財產所產生的孳息，可以提供後代生活所需。

再加上，信託內的錢必須由受託人（例如銀行）管理，可設諮詢委員會給予意見，而金錢動支又須由監察人的答應才能動用，如此一來，便能達到管錢的人不管事，管事的不能管錢，相互監督的優點。甚至，可以規定監察人及諮詢委員會，讓傑出的後代取得足夠多數的股權，進入經營管理階層。

另外補充，信託契約若只訂定權利分配方式，就可能會像長榮張家及台塑王家一樣，創辦人過世後子女照樣翻臉不認。事實上，

在歐美有許多巨型企業會再多成立家族辦公室（Family Office），由專業團隊服務，輔佐後代接班經營養成。像洛克菲勒家族不只有嚴謹的信託基金契約，設計永續控制集團股權及分配，更重要的是子孫後代的教育系統，包含金錢價值觀、理財教育、領袖社交等，從小便嚴格培養起。總之，就是透過制度設計，引導後代朝合作、努力及永續的方向發展。

信託不是有錢人專利，身障者更需要

信託並非僅為企業家傳承百代而設計，也用於身障遺族照顧、單身終老自我照顧及投資風險防火牆等皆有極大的功用。

依據衛生福利部統計的 2018 年第 3 季資料顯示，國內身心障礙者已達 117 萬人，但多數父母為這些身障子女安排好信託的比率卻遠低於 1%，甚至認為信託是有錢人才能享有的規劃，其實**身心障礙者更需要信託**。

舉例來說，2012 年一位高齡八十多歲的李先生表示，兒子已近 40 歲，卻因罹患重度智能障礙而無法照顧自己，深怕留給孩子的錢遭人侵占詐騙。於是國內某間知名銀行協助老先生成立身心障礙者照顧信託，由社福團體擔任信託監察人，約定信託專戶支付醫療及養護機構等費用，直到兒子（受益人）身故或信託財產用完時止。現在，李老先生的孩子已入住養護機構，費用也由信託專戶支付，終於能讓李老先生放下心中的憂慮了。

另外，2013 年初，一對感情恩愛的夫妻，由於兒子雖然已經二十多歲，卻因為罹患嚴重精神障礙而無法工作及照顧自己，所以

儘管兩夫妻已投保許多保險，但仍舊擔心未來的身故保險金無法用在兒子身上，因此兩夫妻決定協助孩子，與銀行成立保險金信託，並且指定社福團體擔任信託監察人，以及約定由信託專戶給付醫療及養護機構等費用，信託期間也同樣約定到孩子（受益人）身故時為止。

成立信託財產的好處

什麼是信託？首先，根據《信託法》[4] 第 1 條規定，信託之間有 4 位關係人：

1. 委託人。

即信託財產的原所有權人，將財產委由受託人為其管理或處分。委託人可以是自然人或法人，也可以變更受益人、選任信託監察人、變更信託財產管理方法、終止信託、監督受託人、擁有受託人報酬增減之請求權、新受託人之指定權、信託財產之取回權、信託財產強制執行之異議權、損害填補或回復原狀之請求權等。

2. 受託人。

指信託財產法律上的名義所有人，並依照信託本旨管理或處分信託財產，當信託目的達成時，移交信託財產給予受益人。受託人

---

4 《信託法》第1條規定：「稱信託者，謂委託人將財產權移轉或為其他處分，使受託人依信託本旨，為受益人之利益或為特定之目的，管理或處分信託財產之關係。」

應盡善良管理人注意義務，以及避免利益衝突、不得圖謀自身或第三人之利益。

由於信託財產具有獨立性，實際上信託利益是歸屬於受益人，而且受託人應將信託財產與自有財產及其他信託財產分別管理。而受託人死亡時，不能將信託財產列入遺產。若受託人破產時，也不能將該信託財產列入其破產財產，用來清償受託人之債務。

3. 受益人。

指依信託成立享受信託利益之人。受益人可以是自然人或法人，或一批人，如委託人的子女們。

4. 監察人。

信託監察人是由委託人指定，並依照法律和信託文件的規定，為了保全信託受益權、監督受託人，而管理信託事務的人。一旦監察人發現受託人的行為已違反信託契約本旨、或該行為使受益人受到損害時，監察人有權代受益人提出訴訟行為。

舉例來說，高先生及高太太的兒子因小時候發高燒造成腦部受損，無法自行照顧自己。夫婦倆擔心自己往生後沒辦法繼續照顧兒子，便聽從顧問建議成立了一個信託，受託人是高先生的大哥，請哥哥在自己過世後幫忙照顧小孩，並請顧問當信託監察人。

過了幾年後，高先生過世，但由於高太太還在，一切都還不成問題，可是當高太太也往生後，高先生的兄嫂卻出了壞主意，不但不願意照顧高先生的兒子，還私自挪用信託裡的財產。直到某次信託監察人要求看信託財產的財務報表時，發現了異狀，便一狀告到

法院，保護了兒子的信託利益。

由此可見，監察人最主要的工作是監督受託人，保護受益人避免受到利益損害。因此成立信託時，可以考慮設置「信託監察人」，而選擇信託監察人應該特別注意其人品、專業能力及經驗，唯有人品佳、經驗豐富及專業能力強的信託監察人，才能貫徹委託人的想法及確保受益人的利益。而信託又分成 3 種：

1. 自益信託。

原則上，受益人為委託人自己。當自益信託成立及消滅時，均無課贈與稅問題。

2. 他益信託。

受益人與委託人不同。委託人除了信託行為另有保留之外，在信託成立後，除非經受益人同意，不得變更受益人或終止其信託，也不得處分受益人的權利。他益信託成立時，會有扣贈與稅或所得稅問題。

3. 公益信託。

以慈善、文化、學術、技藝、宗教、祭祀或其他以公共利益為目的之信託。

公益信託的委託人可以列報捐贈支出，而且公益信託的免稅標準條件，比財團法人要寬鬆許多。

我將上述說明整理在圖表 3-6，相信藉由信託架構圖較能清楚易

圖表 3-6　信託架構圖

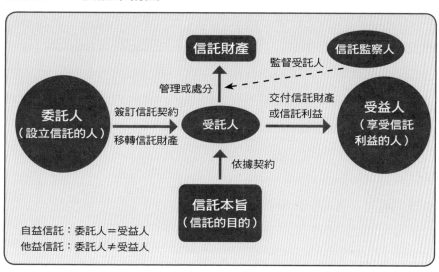

懂這之間的關係。那麼，成為信託財產的好處有哪些？以下藉由 3 種特性來舉例說明：

1. 信託的財產擁有獨立性。

林小姐曾以現金 500 萬辦理信託，並請她的叔叔當受託人，信託成立後，叔叔以受託人的名義將其中的 100 萬存到銀行裡，也就是存款會移到叔叔的名下。

而這位叔叔本身曾向銀行借款 100 萬，結果無法償還借款。那麼，銀行可以拿叔叔名下受託的 100 萬來償債嗎？答案是不行。因為進入信託的財產，不屬於委託人或受託人的財產，所以信託財產獨立於受託人的自有財產之外，並不能成為受託人的債權人求償之標的。

有鑑於此，銀行最後不能主張以叔叔擔任受託人的 100 萬信託財產，來抵銷叔叔本身積欠銀行的 100 萬。這就是信託的財產擁有的獨立性。根據《信託法》規定，只有屬於信託財產的債權與屬於該信託財產的債務可以互相抵銷，以提升信託財產的獨立性。

另外，關於遺產這件事，因為受託人只是信託財產的名義所有權人，所以當受託人死亡時，不能將信託財產列入受託人的遺產，而變成被繼承的標的。而且當受託人因為死亡而任務終了時，由於信託關係並未因此而消滅，所以須由委託人指定或由法院選任的新受託人來接任處理信託事務。

2. 對信託財產不得強制執行。

前幾年曾傳出某一家高科技公司將其大部分財產交付信託，但由於該公司欠多家銀行的高額貸款尚未還清，所以銀行團聽聞後大為緊張，很怕該公司藉此脫產，而造成欠銀行團的貸款將來會還不出來。為什麼銀行團會如此緊張？

因為**委託人的財產只要進入信託，必須移轉所有權，便不屬於委託人的財產，而是變成受託人名下的財產**，銀行當然不能對其強制執行。除非是信託前早就存在的債權債務關係，在該財產交付信託前，債務人（委託人）已經在該財產上設定抵押權等擔保物權，那麼抵押權等擔保物權人仍然能就該信託財產強制執行，拍賣換價滿足債權。

由此可知，信託財產原則上不會受到債權人強制執行，所以信託財產將受到一定程度的保障。

3. 信託關係的存續性。

莊先生感歎人生在世難免生老病死，若當年事已高精力不再、或發生意外遭逢巨變，但其他親人或子女年幼還需要照顧時，那該怎麼辦？

莊先生接受專業顧問建議，可以透過信託預作規劃，達到長期照顧的功能，而且信託關係不因委託人或受託人死亡、破產、解散等而消滅，透過信託機制，即使委託人不在人世，受託人仍會依照信託契約，為委託人想要照顧的對象（受益人）管理或運用信託財產，所以就算莊先生過世後，這張信託合約仍然存續有效。

於是，莊先生便以自己為委託人，某家小銀行為受託人，受益人則為他的小孩，並把一間有收租金的不動產移轉到受託人的銀行名下，在信託的期間持續把每年部分的租金撥付給小孩。如此一來，莊先生因故去世，他的小孩也不用因此擔心。

但過了十年，這家銀行財務狀況不好而被迫破產，那麼這家銀行所受託的不動產該怎麼辦？依照信託相關法令，信託業者如果解散、破產或撤銷登記，仍可以變更受託人，由新任信託業者繼續執行信託財產的管理與處分。因此，後來由另一家銀行幫忙承接受託人的任務，莊先生的小孩仍可藉由房屋租金繼續生活。

由此可知，信託可以達到長期照顧的目的直到信託終止。而在實務上，以**法人為受託人較不易有受託人更換的問題**。

然而，仍應注意例外情況。委託人所執行的信託行為，若有害於委託人之債權人的權利，債權人得聲請法院撤銷。即便如此，債權人主張的撤銷，不會影響受益人已取得的信託利益。除非受益人取得利益時，早就知道將對委託人之債權人有不利時，其信託才會

被撤銷（信託成立後 6 個月內，委託人或其遺產受破產之宣告者，推定其行為有害及債權）。

● 節稅小辭典

信託的基本費用

通常會有信託規劃顧問費、簽約手續費、信託管理費。

規劃顧問費：依照個案洽談，數萬到百萬都有，若是身障公益類的會較低。

簽約手續費：通常以信託財產總額 0.1% 收取，最低 3,000 至 10,000 元

信託管理費：按信託財產淨值的 0.2%～ 2% 每年計收，且每月最低 1,000 至 5,000 元

可參考中華民國信託業商業同業公會網站：

http://www.trust.org.tw/tw/old-disability/trust/2?i=2

7
如何讓「耳」孫們還記得你？
〈信託 vs. 贈與〉

祖父母節，是部份國家、地區對祖父母們有所感謝而創立的節日，也稱作敬老之日。在各地有祖父母的子女們都要盡量回去探望敬愛的祖父母們。在臺灣，2010 年 8 月 29 日，由前教育部部長吳清基發起、並推動第一屆祖父母節，定在每年 8 月的第 4 個星期日，可以趁學童在學期開始前與祖父母相處增進親情。

為何會提到祖父母節？因為我曾在老人社區演講關於財產傳承的主題，發現大家除了關心遺產贈與稅之外，也很在乎後代子子孫孫是否會記得自己！於是，在演講時，我經常會問大家： 如何讓「耳」孫還記得您？首先，什麼是耳孫？請看下頁圖表 3-7 向各位介紹孫之世代的名稱。

回到如何讓耳孫還記得你？一般來說，有 2 個方法：

1. 留名青史：像是胡適、李白、王羲之、林肯等。
2. 遺臭萬年：像是秦檜、袁世凱、吳三桂等。

但是留名青史極為困難，是萬中選一之人呀！另外，誰都不想要遺臭萬年，那麼，以下經過設計的信託計劃，或許很有機會讓耳孫仍然記得你。

你可以藉由本人的名義成立信託，也就是委託人是你自己，受

圖表 3-7　孫之世代的名稱

從自己算起代數	孫之世代	名稱
第一代	（不適用）	（自己）
第二代	（不適用）	（子／女）
第三代	第一代	孫
第四代	第二代	曾孫
第五代	第三代	玄孫
第六代	第四代	來孫
第七代	第五代	晜孫
第八代	第六代	仍孫
第九代	第七代	雲孫
第十代	第八代	耳孫
第十一代或以後	第九代或以後	無特別稱謂，多數以「耳孫之～」來稱呼

※ 若一代以 30 年計算，到了耳孫，差不多是自己死後 200 年。

益人為所有你未來的孫字輩，也就是稱呼你為爺爺奶奶、祖父母、曾祖父母或曾曾⋯⋯祖父母的孫子都算。

　　然後在信託合約中註明，每位 10 歲到 20 歲的孫字輩，每年在你的忌日可以領 1 萬元的紅包，但前提是孫字輩的人必須交一篇作文，標題為「我的祖先 XXX」，寫下關於你的生平、事蹟、興趣、祖訓與心得等文章。

　　至於這個信託要準備多少錢呢？經過計算，平均每代有 2 位兒女，2 的 8 次方等於到第八代耳孫共 256 位，256 位 ×10 年 ×1 萬 ＝ 2,560 萬。因此，只要準備 2,560 萬作為信託財產的本金，就能讓後代子子孫孫記住你。甚至這當中還有可能因為利息或是好的投資

理財方式，讓孫字輩領到更多。當然，每個家族都可以自由設定紅包的金額多寡。這樣有趣的信託規劃，是不是能讓代代子孫都能記得您呢？

信託的課稅原則

信託的課稅概念主要採行「導管理論」（Conduit theory），信託就好像一根管子，委託人將財產放入管子內，由受託人保管這根管子，最終將信託利益移轉給受益人。

受託人雖然取得財產所有權，但只是名義形式移轉，並不享有運用信託財產實際獲得之經濟上利益，所以不應向受託人課稅，而所有的課稅效果應隨同利益的流向，在利益發生當期直接歸屬到委託人或受益人。

信託財產發生的收入，受託人應於所得發生年度，按所得類別減除成本、必要費用及損耗後，分別按信託約定的比例，計算受益人之各類所得額，填發扣繳（免扣繳）憑單給受益人，再由受益人併入當年度所得額，依《所得稅法》規定課稅。我把信託契約核課原則整理如下頁圖表 3-8：

信託 vs. 贈與稅

他益信託，主要對委託人課贈與稅。《遺產及贈與稅法》第 5-1 條表示，信託契約明定，信託利益之全部或一部之受益人，為非委託人者（他益信託），視為委託人將享有信託利益之權利贈與該受

圖表 3-8　信託契約核課原則

受益人角色	委託人保留權利範圍	課稅原則			說明
		信託契約成立時	信託期間所得稅之所得人	信託利益實際分配時	
受益人不特定，但明訂有受益人的範圍及條件	委託人無保留特定受益人分配他益信託利益之權利，或變更信託財產營運範圍、方法之權利	核課贈與稅	受託人	無	他益信託
	委託人保留變更受益人或分配、處分信託利益之權利	不課贈與稅	委託人	核課贈與稅	視為自益信託
受益人特定	委託人無保留變更受益人及分配、處分信託利益之權利	核課贈與稅	受益人	無	他益信託
	委託人僅保留特定受益人間分配他益信託利益之權利，或變更信託財產營運範圍、方法之權利	核課贈與稅	受益人	無	他益信託
	委託人保留變更受益人或分配、處分信託利益之權利	不課贈與稅	委託人	核課贈與稅	視為自益信託

益人，依本法規定，課徵贈與稅。那麼，**課徵贈與稅的時點是什麼時候？信託成立時。**

　　至於課多少錢？也就是，贈與稅權利價值的計算，在信託利益為金錢時，以信託金額為準；信託利益為金錢以外的財產時，以贈與時信託財產之時價為準。舉例來說，以 1 億成立他益信託，1 年後本利和（按：本金＋利息）約 1.1 億才移轉給受益人，成立時即視為贈與 1 億，課徵贈與稅。這又分成以下兩種情況，並附上規劃方式給各位參考：

1. 本金他益，孳息自益：

　　以信託金額或財產時價，按贈與時起至受益時止的期間，依贈與時郵政儲金匯業局一年期定期儲金、固定利率複利折算現值計算。

　　舉例來說，假設目前郵局一年期定期固定利率為 1.2％，以 1 億成立他益信託，1 年後本金移轉給受益人，孳息仍歸委託人所有，成立時即視為贈與 98,814,229 元（＝ 100,000,000÷〔1 ＋ 1.2％〕），須課徵贈與稅。

　　假設 20 年後本金移轉給受益人，孳息仍歸委託人所有，成立時即視為贈與 78,775,243 元（＝ 100,000,000÷〔1 ＋ 1.2％〕[20]），須課徵贈與稅。

　　概念上，贈與金額是把未來贈與給受益人的財產價值，透過稅法指定利率折現到信託成立時點。

　　規劃方式：本金他益部分，當信託期間越長或利率越高時，折現回來的本金越低，相當於贈與總額越低，節稅效果越佳。而孳息自益的部分，可用來規劃成為委託人的退休年金。

2. 本金自益，孳息他益：

反之，一年後本金歸委託人所有，孳息移轉給受益人，則委託人的贈與金額為 1,185,771 元（100,000,000 － 98,814,229）；因贈與金額小於每人每年的贈與免稅額 220 萬，所以不用課徵贈與稅。

20 年後本金歸委託人所有，孳息移轉給受益人，則委託人的贈與金額為 21,224,757 元（100,000,000 － 78,775,243）。

規劃方式：利率越低，折現回來的本金越高，贈與的孳息金額就相對越低，贈與信託節稅規劃效果越佳。以現在郵局一年期固定利率 1.2％來看，成立 1.85 億以下的本金自益孳息他益的一年期信託，不用繳贈與稅。

信託綜合規劃上，建議思考如何分散所得於每個年度，降低所得稅，像是成立孳息他益信託，成立時繳納相對較低的贈與稅，並在每年產生的信託所得分散至較低稅率的受益人身上，也有助於降低未來的遺產稅。

保險金也可以信託，以免受益人隨意揮霍

另外介紹保險金信託（見右頁圖表 3-9）。一般父母若直接購買保險，受益人是小孩，身故後，小孩可能不善理財，以致當初的保險無法發揮原父母的期待。所以，便有保險金信託的設計產生。

保險金信託的架構一般為自益信託，要保人可能為父母，保單的受益人為小孩，即為信託委託人，同時也是信託受益人，受託人通常為銀行（銀行會視案件複雜度及信託資產規模，收取每年 0.3％

圖表 3-9　保險金信託關係圖

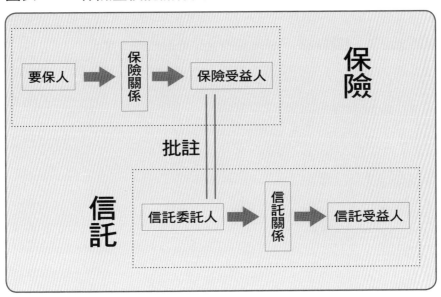

至 2% 的信託管理費）。

　　信託財產為委託人（即保單受益人）可得受領，而且交付受託人之保險金（實務上，保險單要批註此信託內容）。保險金給付後的信託存續期間及信託的利益分配，可由委託人自行約定。例如為了照顧受益人，生活費於每月 10 日定期支付，教育與醫療費用則憑單據實支實付，若受益人尚未成年，可約定各階段的教育學費支出撥付。

　　透過受託人專業管理資產，運用穩定收益的理財方式管理保險金，實現保單要保人及信託委託人（即保險受益人）之特定目的，以避免保險金受益人理財不當致財產縮水或隨意揮霍，而未達到保障生活的目的。

最後還有節稅好處，保險金指定受益人免課遺產稅，信託契約委託人與受益人為同一人時，也免課徵贈與稅。所以，**信託就像為保險金加了一層防護罩，保障保險金留給最親愛的家人。**

另一種保險金信託做法為他益信託，規劃方式可以是父母為委託人，與受託人（銀行）簽訂完全他益之金錢信託契約，信託財產的受益人為小孩。每年可以在贈與免稅額度內，投入一筆資金到信託內，增加他益信託之金額，並約定用於繳納以父母為要保人及被保險人的保單保費，而且該保單之受益人為信託財產專戶，屆時父母身故後，小孩由信託專戶直接獲得保險給付，並依照信託契約內容執行給付與照顧等計劃。

第四章

有房斯有財，
儘管政府要你萬萬稅
——不動產篇

1

買個不動產，政府收你萬萬稅
〈不動產加稅的演進與趨勢〉

　　新聞報導，臺北市東區 40 年的老牌餐廳永福樓，因東區商圈沒落、租金太高，只好於 2019 年 2 月底吹熄燈號，而永福樓的案例只是東區近年來，眾多歇業商店的其中一家而已。

　　東區商圈近百間店鋪空置、招租廣告林立，並非一日之寒，我在這兩、三年每次經過東區時，總是發現有越來越多的店面停業或招租，逛街人潮也少了許多。我想這些原因可能跟近年房屋租金居高不下與不動產稅越來越高有關。

　　由於 2012 年不動產實價登錄、2016 年開始實施房地合一稅後，再加上政府有意將土地公告現值調漲至與市價貼近，導致不動產相關的稅負越來越高，連帶影響房東持有的成本，因此房東才有各種理由不想調降租金。

　　下頁圖表 4-1 是臺北市不動產五十多年來的房價圖，柱狀條是臺北市的每坪平均房價，折線是房價上漲率。看起來這 50 年來，上上下下經過了 5 次大循環，起漲、高峰、回跌分別於 1967 年 6 月至 1968 年 7 月、1973 年 1 月至 1974 年 2 月、1979 年 10 月至 1980 年 7 月、1988 年 1 月至 1989 年 6 月、2009 年 7 月至 2013 年。

　　然而，從柱狀條來看，每坪房價逐年升高，到現在房價上漲率早已突破 100％，難怪老一輩的說，房子放久了都會賺錢。

　　2017 年，臺灣的平均國民年所得來到 21,310 美元（按：約新臺

圖表 4-1　臺北市房價圖

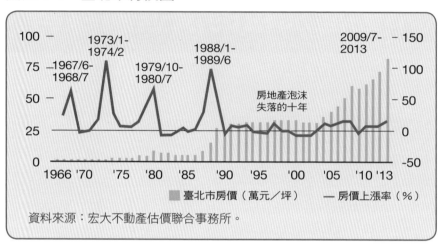

資料來源：宏大不動產估價聯合事務所。

幣 65 萬），55 年來成長了 130 倍；而臺北市平均房價來到了每坪
56.8 萬，55 年來成長 150 倍，2013 年的房價更曾高達每坪 85.5 萬元，
50 年來成長 226 倍（見圖表 4-2）。

圖表 4-2　55 年前後的國民所得、房價差距

	1962 年	2013 年	2017 年	55 年成長
平均國民所得	USD 163	USD 18,872	USD 21,310	130 倍
房價 (臺北市)	每坪 NTD3,786	每坪 NTD85.5 萬	每坪 NTD56.8 萬	150 倍

　　你看到這樣的數據有什麼感覺？是不是覺得薪水追不上房價？
另外，從國稅局的觀點來看，房價雖然很會漲，然而，政府課的稅，

似乎無法就房地產的市價去課稅，所以只能看得到吃不到。無怪乎這幾年，政府想盡辦法要增加不動產的稅負。

政府在這幾年針對不動產相關的稅負，做了不少稅制的改革，在過去，大部分出售房屋的人，都用財政部每年頒布的標準（每個地區每年都會有一個標準率，簡稱部頒標準），乘上你賣的房屋的評定現值，來計算房屋交易所得。

到了 2011 年 6 月，政府為了打擊短期炒房，增訂了奢侈稅（特種貨物及勞務稅），規定房屋持有 2 年內就賣出的，要以成交價課 10％～ 15％的奢侈稅；同年 7 月，針對高總價的房屋加重房屋稅，俗稱豪宅稅。

2012 年 8 月政府開始實施不動產實價登錄，所有買賣不動產都要申報揭露成交價；2013 年，房屋租金收入也要繳二代健保費（補充保險費）。

到了 2016 年，開始實施房地合一稅。過去買賣房子，建物部分所繳的財產交易所得稅，大部分是用房屋評定現值去計算，而土地只要繳的土地增值稅（用土地公告現值去計算），不用繳土地實際獲利差價的所得稅，而房地合一稅則是用土地買賣的實際成交價差額，當作課稅基礎，讓不動產課稅，正式進入到實價課稅的層次了。

另外，前面也提到了，政府有意將土地公告現值調漲至與市價貼近，再加上土地公告現值不用經過立法院通過，而是由各地方政府依法令規定辦理並公告，所以土地公告現值每年默默的調漲，就像溫水煮青蛙，當你賣掉房子的時候，才會發現土地公告現值漲了那麼多，因此影響不動產相關的稅負也就越來越高。我整理不動產稅的演化，見下頁圖表 4-3。

以下章節陸續分享不動產相關稅負的細節。

圖表 4-3　不動產稅的演化

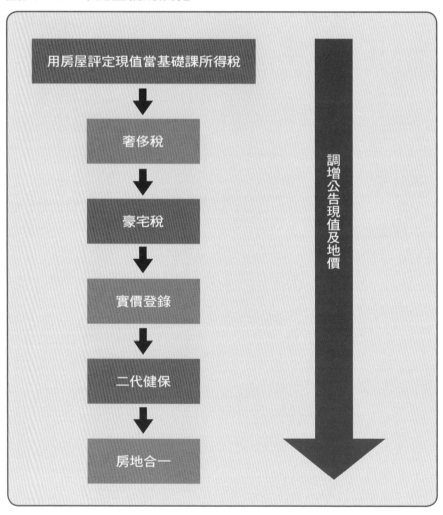

● 節稅小辭典

　　原則上，只要是不動產，都會採用「土地公告現值」來當作計算課稅價值的基礎。什麼是土地公告現值？土地公告現值，是由直轄市或縣（市）政府對於轄區內的土地，調查最近 1 年土地買賣價格或收益價格，並依據調查結果，劃分地價區段及估計區段地價後，提經地價評議委員會評定通過的地價，作為土地移轉時，稅捐機關審核土地移轉現值的依據，因此，土地公告現值為課徵土地增值稅的稅基。

　　有鑑於此，只要土地公告現值上漲，便會影響稅金的多寡，例如只要你持有土地，就會有地價稅；若賣掉不動產，就會有土地增值稅；贈與不動產，贈與時價就是用土地公告現值來計算贈與總額；把房子留給下一代，不動產的遺產稅也是用土地公告現值來計入遺產總額。

　　舉例來說，假設你有一間不動產在今年土地公告現值是 1,000 萬，若每年漲 10％，10 年後，這筆不動產的土地公告現值將變成約 2,600 萬，以遺產稅率 10％計算，該筆土地的遺產稅從 10 年前 100 萬，10 年後增加至 260 萬，你說這影響是不是很大？

　　另外，過去不動產的土地公告現值，通常比市價（實際買賣成交價）還低很多，尤其在寸土寸金的黃金地段，有些新房子，土地公告現值只有市價不到 30％。若是政府有心且決定讓土地公告現值趨近於市價的話，所有跟不動產相關的稅負也會

（續下頁）

因此而暴漲。

下表是六都 2009 年至 2011 年，政府給的土地公告現值占市價的比重（按：2010 年 12 月 25 日，臺中縣市、臺南縣市各自合併升格直轄市，前者訂為臺中市，後者訂為臺南市；桃園縣於 2014 年 12 月 25 日改制為直轄市，名稱訂為桃園市）：

2009 年至 2011 年，土地公告現值占市價比重

縣市	年	2009	2010	2011
臺北市		85.82	85.85	86.70
新北市		84.74	85.08	86.12
高雄市		81.22	82.19	83.18
桃園縣		78.99	79.67	81.45
臺中市	臺中市	64.80	65.72	73.75
	臺中縣	71.46	73.29	
臺南市	臺南市	84.91	85.73	84.51
	臺南縣	84.41	84.81	
全國平均		78.53	79.29	81.48

資料來源：內政部。　單位：％。

財政部在 2011 年時，信誓旦旦的說：「預計 2015 年將土地公告現值調至占市價 90％。」所以之後每年如下表般調漲（可至內政部地政司網頁查詢〔https://www.land.moi.gov.tw/chhtml/content/65?mcid=2942〕）。以雙北來看，2009 年、2010 年，

（續下頁）

2009 年至 2018 年，全國土地公告現值調幅表

	2009	2010	2011	2012	2013	2014	2015	2016	2017	2018
全國	1.40	1.70	8.35	8.65	7.95	14.19	12.03	6.70	0.34	-0.83
臺北市	2.61	2.12	12.08	9.87	9.31	13.23	10.63	6.23	-2.43	-1.76
新北市	1.06	2.30	15.33	12.19	11.24	17.44	15.17	3.65	-0.37	-1.82
桃園市	1.74	4.58	6.89	7.84	10.85	22.77	12.56	8.35	-1.10	-2.41
臺中市	1.44	0.78	7.77	15.70	4.79	24.43	11.06	8.02	1.75	-0.98
臺南市	0.15	0.04	0.60	3.87	4.71	11.09	12.49	7.87	1.30	-0.04
高雄市	0.97	0.38	2.06	4.05	6.00	10.42	15.17	6.91	0.68	-0.42

單位：%。

土地公告現值調幅頂多 1％至 2.6％，然而，2011 年一口氣調 12.08％至 15.33％，從這便可看出財政部的狠心及決心。

我們再來檢視財政部曾說：「預計 2015 年將土地公告現值調至占市價 90％。」是真的還假的？從下表可以發現，六都中只有臺中市未達標。

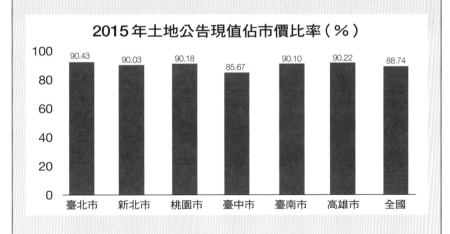

2015 年土地公告現值佔市價比率（％）

（續下頁）

　　不過，你們相信以上的數據嗎？土地公告現值真的已占市價高達 90％？以臺北市中正區和大安區的行情為例，經過實際計算，土地公告現值占市價比例只有 43％至 50％而已。你相信誰呢？

　　套一部知名電影《別相信任何人》來說，每個人其實只要查詢自家的土地謄本中的公告現值，再利用內政部不動產交易實價查詢服務網站，在網站中只要抓取所在附近地段的不動產行情，而且記得要乘以房地比，還有要記得以同一個面積單位來比較（平方公尺或坪），用謄本上的土地公告現值除以實價登錄網土地部分的成交行情，便知道有沒有 90％了。

2

沒算你不知，養車稅金比養房還貴〈不動產相關稅捐〉

　　一對小夫妻婚後買了一棟房子。買房子時繳了契稅，之後每一年都要繳房屋稅及地價稅；3年後他們生了孩子，覺得房子太小要換大一點的房子，於是賣房子時要繳土地增值稅、房屋交易所得稅或房地合一稅；訂定買賣契約要貼印花，課印花稅。

　　後來，又買了一間房子時要繳契稅。當他們年紀漸長，決定把其中一間房子贈與給小孩，繳了土地增值稅、契稅及贈與稅。最後這對夫妻離開人世，把房子傳給小孩繼承，小孩繳了遺產稅後，全部房子歸小孩所有。

　　從取得房子、擁有房子及賣出房子等各個階段，這些和房子有關的事，都離不開稅。

　　不動產的各種稅負有規定課稅的對象及課徵的時機，買屋時要繳契稅，當你持有房地產的那刻起，每年要繳土地的地價稅及建物的房屋稅；當賣出時，土地要繳土地增值稅，房屋要繳財產交易所得稅；進行房地產交易時，簽訂的契約要繳印花稅，交易產生的所得要繳個人所得稅：

　　如果是用不動產來作資產傳承，贈與房地產給他人時，要課贈與稅以及土地增值稅，而被繼承的房地產則要課遺產稅。如果是營利事業交易的房屋，要再多繳營業稅（見下頁圖表4-4）。

　　特別提醒，房地產的交易產生的所得，可能會因適用房地新制

或舊制之規定,而要繳新制的房地合一稅,或是繳舊制的房屋財產交易所得稅(舊制土地交易所得免稅),我在後面會詳細介紹。

你的房屋稅率是多少?

過去幾年房屋稅制的變動有開徵豪宅稅,以及調高房屋稅稅率、核定單價及地段率等,其中房屋稅稅率會依照不同用途,適用不同稅率。

針對住家用稅率,如果是自住房屋,而且無出租,並限制本人、

圖表 4-4　不動產依時機及對象,有不同的稅負

稅捐 標的	時機	持有	移轉(取得、出售)		
			買賣、交換	繼承	贈與
房地產稅	土地	地價稅	土地增值稅	免徵增值稅、契稅,改課遺產稅(10%~20%)	土地增值稅、契稅、贈與稅(10%~20%)
	建物	房屋稅	契稅(6%)		
交易稅	房地交易(出售)			自然人	舊制:個人所得稅(5%~40%) 新制:房地合一稅(10%~45%)
				境內法人	營業稅(5%)、營利事業所得稅(20%)
	契約(公定物權契約)			印花稅(0.1%)	

※房地合一稅於2016年1月開始。

配偶或直系親屬實際居住使用，加上本人、配偶及未成年子女全國合計 3 戶以內，適用最低房屋稅率 1.2%；而供其他人住家用房屋稅率最高為 3.6%，這些視各縣市規定而有所差異。

以臺北市為例，若同一人持有 3 戶以內，而且符合房屋自住使用的規定，稅率 1.2%；持有非自住之住家用房屋，在 2 戶以下者每戶適用 2.4%，持有 3 戶以上者每戶適用 3.6%（見圖表 4-5）。

房屋稅的計算公式如下：

> 應納稅額 ＝ 房屋課稅現值 × 稅率

圖表 4-5　房屋稅率

房屋使用情形		法定稅率		臺北市稅率
		最低	最高	
住家用	自住或公益出租人出租使用	1.2%		1.2%
	非自住之其他住家用	1.5%	3.6%	持有臺北市 2 戶以下者，每戶 2.4%
				持有臺北市 3 戶以上者，每戶 3.6%
非住家用	營業、私人醫院、診所、自由職業事務所使用	3%	5%	3%
	人民團體等非營業使用	1.5%	2.5%	2%

不動產持有稅，繳得比汽車牌照稅還少？

據聞歌手周杰倫所住的臺北市中正區豪宅「元大一品苑」，一

戶市價約 1.3 億，而每年他繳的不動產持有稅是 5.4 萬。他同時也有許多跑車，當中有一輛 4,400 CC 的汽車燃料費和牌照稅，每年都要繳 5.7 萬，這樣看下來，他繳跑車的稅比房子還多。　　　　　.

看到這則新聞後，我驚訝的叫一個朋友拿出他的稅單來比較看看，果真發現汽車的持有稅比房子的持有稅還高。

朋友拿出一棟臺北市文山區、市價 2,100 萬，42 坪的房子所繳的房屋稅單、地價稅單。計算下來，他每年所繳的房屋稅是 3,754 元，加上地價稅 2,460 元，合計每年不動產持有稅是 6,214 元。接著再除以房子的市價，可以得出實質稅率是 0.03％，其計算如下：

> 不動產持有稅＝ 3,754 ＋ 2,460 ＝ 6,214 元
> 實質稅率＝ 6,214÷2,100 萬＝ 0.03％

同時，他有一輛 2,000 CC 的汽車，每年要繳汽車牌照稅 1.12 萬，還有一間在美國堪薩斯城（Kansas City）市價 30 萬美元（按：約新臺幣 924.3 萬）的房子，每年財產稅約付 4,000 美元（按：約新臺幣 12.3 萬），得出實質稅率是 1.33％，其計算如下：

> 實質稅率＝ 4,000 美元 ÷30 萬美元＝ 1.33％

從以上 3 個數據來比較，可以得知他養車比養臺北市房子的稅金還貴；另外，他在美國的房子也比臺北市的持有稅高出很多，實質稅率相差竟然高達 44 倍！這樣看下來，你覺得美國稅局（Internal Revenue Service，簡稱 IRS）厲害還是臺灣國稅局厲害？而這也是為

什麼政府近年來，不斷調高公告地價或房屋評定現值的原因之一，因為不動產持有稅的課稅基礎，就是公告地價或評定現值。

想住大房子，請繳豪宅稅

根據 2017 年 11 月實價登錄最新資料，皇翔建設位於臺北市臨沂街的豪宅案「皇翔御郡」，拆算車位後，最新 2 樓每坪成交價為 120.9 萬，單價較當初開價打了 6 折。但值得注意的，該案總價 7,988 萬，僅差 12 萬就會到達要課豪宅稅的 **8,000 萬**總價門檻，加上車位價格偏高，這顯示了買方在購屋時，可能有想避開被課豪宅稅的考量。

豪宅稅是什麼？以往由於高級住宅與一般房屋課稅之評價標準相同，高級住宅較鄰近一般房屋的房價貴很多，其稅負明顯偏低，因此政府為了促進租稅負擔合理化，更真實反映高級住宅應有的房屋評價及稅負能力，同時防堵高所得者透過購置高級住宅，規避遺產及贈與稅，期使課稅更趨公平合理。於是從 2011 年 7 月 1 日起，高級住宅加價課徵房屋稅。

依照國稅局的定義，什麼叫豪宅（高級住宅）？那就是，房屋為鋼筋混凝土以上構造等級，用途為住宅，經過按戶認定房地總價在 8,000 萬（含車位價）以上者，就認定為高級住宅。

有鑑於此，從 2017 年 7 月起，豪宅稅加價方式有以下兩種：

1. 在 2001 年 6 月 30 日以前建築完成的高級住宅：
因適用原房屋標準單價，仍按該棟房屋坐落地點之街路等級調

整率（以下簡稱：路段率）加價核計。

例如原標準單價為 5,080 元，依路段率 200％加價方式調整後，該高級住宅的標準單價為每平方公尺 15,240 元（5,080 元 ×〔1+200％〕）。

2. 在 2001 年 7 月 1 日以後建築完成的高級住宅：

因適用 2014 年 7 月起新標準單價，自 2017 年 7 月起，改按固定比率 120％加價。例如高級住宅適用新標準單價每平方公尺 13,200 元，依固定比率 120％加價方式調整後，該高級住宅之標準單價為每平方公尺 29,040 元（13,200 元 ×〔1+120％〕）。

從上可知，豪宅稅管制至今仍未解套，高端客戶房屋持有稅成本將差到 1.2 倍之多，讓許多買家在購屋總價上希望盡量壓低在總價 8,000 萬以內，希望減輕持有成本的壓力和差異。

3

一生一次、一生一屋
〈土地增值稅〉

　　國父孫中山有個理想，漲價歸公、平均地權，讓土地的利益全民共享。而漲價歸公的理念，是來自美國 19 世紀社會改革家亨利・喬治（Henry George），他認為土地漲價的利益，被不勞而獲的地主獨享很不公平，因此政府應對土地課稅，把土地漲價的部分全數充公，讓社會大眾分享土地增值的好處。

　　漲價歸公的精神落實於《憲法》第 143 條：「土地價值非因施以勞力資本而增加者，應由國家徵收土地增值稅，歸人民共享之。」也就是說，土地增值稅是針對土地所有權人的土地於移轉時，因自然漲價、並按照土地漲價總數額採用倍數累進稅率，計算繳納的一種租稅，其計算公式如下：

> 土地增值稅＝土地漲價總數額 × 稅率－累進差額

　　決定土地增值稅多寡有 2 個主要關鍵因素，一個是土地漲價總數額，另一個是決定稅率的漲價倍數。

　　土地漲價總數額，即在你持有的期間，這塊土地到底實際增值了多少，所以漲價總數額就是，出售土地（所有權移轉或設定典權）時的公告現值，減掉購買時的公告現值（前次移轉現值或原規定地價及土地改良費用後的數額）。其中，原規定地價及前次移轉時核

計土地增值稅之現值，當遇到物價有變動時，要按政府發布的物價指數調整後，再重新計算土地漲價總數額，其計算公式如下：

> 土地漲價總數額＝申報土地移轉現值－原規定地價或前次移轉時所申報之土地移轉現值×（臺灣地區消費者物價總指數÷100）－（改良土地費用＋工程受益費＋土地重劃負擔總費用）

另一個關鍵因素，漲價倍數是指土地價值到底增加了幾倍，增加倍數越高，稅率就越高，所以漲價倍數是按土地漲價總數額，除以你當初取得時的原地價，而在計算這些數據時，因時光的推移經過，物價早已成長，因此，一定要按物價指數調整才能反映真實的價值波動，其計算公式如下：

> 漲價倍數＝土地漲價總數額 ÷ 按物價指數調整後之原地價

簡單來說，土地增值稅的金額等於，土地漲價總數額乘上稅率。而一般用地按漲價倍數分 3 級稅率 20%～40%累進課徵（我把速算表整理在圖表 4-6）。

舉例而言，假設林先生買一塊土地的現值為 100 元，持有年限是 20 年以下，賣出時移轉現值為 360 元，而這期間的物價指數調整為 120%，那麼土地漲價總數額為 240 元，其計算如下（單純計算，暫先忽略改良土地費用、工程受益費、土地重劃負擔總費用）：

> 土地漲價總數額＝ 360 －（100×120%）＝ 240

土地漲價總數額為 240 元再除以按物價指數調整後的原地價 120 元，可以得出漲價倍數為 2（土地價值增加了 2 倍）。因為漲價倍數分 3 級稅率累進課徵，所以再根據圖表 4-6 的速算表計算，得出最終土地增值稅應納稅額為 60 元，其計算如下：

> 漲價倍數＝ 240÷（100×120%）＝ 2
> 土地增值稅＝ 240×40% － 120×30%＝ 96 － 36 ＝ 60

圖表 4-6　一般用地稅率速算表

持有年限 稅級別	20 年 以下	20 年～ 30 年	30 年～ 40 年	40 年 以上
第一級 漲價倍數＜ 1	a×20%	a×20%	a×20%	a×20%
第二級 漲價倍數≧ 1 ＜ 2	a×30%- b×10%	a×28%- b×8%	a×27%- b×7%	a×26%- b×6%
第三級 漲價倍數≧ 2	a×40%- b×30%	a×36%- b×24%	a×34%- b×21%	a×32%- b×18%

※a：土地漲價總數額。
　b：原規定地價或前次移轉現值總額（按物價指數調整後之總額）。

一生一次、一生一屋、重購退稅

你看到這裡，或許會問土地增值稅有沒有辦法節稅？有！而且有機會退稅或是以 10%的優惠稅率來課徵，但前提得符合自用住宅的條件。

10％的優惠稅率，是每個人一生都有一次可以先使用，接下來陸續再換屋時，只要名下僅有一間房屋也可以繼續無限次的適用自用住宅優惠稅率 10％，我們稱為「一生一次」及「一生一屋」，其計算公式如下：

自用住宅用地稅額＝土地漲價總數額 × 10％

至於要用一生一次的優惠須同時符合下列條件：

1. 地上建物須為土地所有權人或其配偶、直系親屬所有，並於該地辦竣戶籍登記。

2. 都市土地是 300 平方公尺，約 90.75 坪；非都市土地是 700 平方公尺，約 211.75 坪。

3. 出售前一年內，即簽約買賣（立約日）之前 1 整年，無供營業使用或出租者。

4. 每一土地所有權人一生一次為限。

5. 房屋價值限制為自用住宅建築完成 1 年內，其房屋評定現值須達所占基地公告現值之 10％。

每人符合上述條件移轉土地享受自用住宅用地稅率，一生限用一次。

而使用一生一屋的優惠須同時符合下列條件：

1. 個人「一生一次」的優惠稅率已經使用過。

2. 都市土地是 150 平方公尺，約 45.37 坪；非都市土地是 350

平方公尺，約 105.87 坪。

3. 出售前持有該土地 6 年以上。

4. 出售時土地所有權人與其配偶及未成年子女，無該自用住宅以外的房屋（即僅限持有一屋）。

5. 土地所有權人或其配偶、未成年子女於土地出售前，在該地設有戶籍且持有該自用住宅連續滿 6 年。

6. 出售前 5 年內，即簽約買賣（立約日）之前 5 年內，無供營業使用或出租。

自用住宅用地的一生一次及一生一屋兩種優惠，稅率均為 10%，比一般用地的稅率 20% 至 40% 省了不少稅。在規劃買賣房屋時要特別注意，以免失去可以節省荷包的機會。

另外，就算已經繳納了 10% 的土地增值稅，我們還有機會可以退稅，只要在 2 年內，再去買一間土地比較貴的房子，就可以去向國稅局申請退稅，稱為「重購退稅」。

土地重購退稅優惠，指的是土地所有權人在出售自用住宅用地，從完成移轉登記之日起，2 年內重購自用住宅用地，其新購土地地價超過原出售土地地價，扣除繳納土地增值稅之餘額者，可以向申請就其已納土地增值稅額內，退還其不足支付新購土地地價的數額。適用優惠要符合以下條件：

1. 原出售土地及新購土地所有權須為同一人。

2. 不論先買後賣或者先賣後買，期間必須在 2 年內。

3. 出售土地及重購土地地上房屋須為土地所有權人或其配偶、直系親屬所有，並且在該地辦竣戶籍登記。

4. 新購土地面積以都市土地未超過 300 平方公尺，非都市土地未超過 700 平方公尺。

5. 出售土地於出售前 1 年內沒有出租或供營業使用。

另外，重購退稅還設了追稅條款，即土地所有權人因重購土地，退還土地增值稅，其重購土地於 5 年內不得有下列事項，否則要追繳原退還稅款：

1. 再行移轉（如買賣、贈與、拍賣）。

2. 土地變更其他用途使用（如設籍人遷出、出租、營業）。

以上 3 種換屋優惠，除了一生一次與一生一屋不能併用之外，而且必須優先使用一生一次，均能同時搭配重購退稅優惠措施使用（見圖表 4-7）。

圖表 4-7　一生一次 vs. 一生一屋 vs. 重購退稅

減稅優惠		一生一次	一生一屋	重購退稅
稅率		10%	10%	退稅
限制條件	出售面積	都市：3 公畝 非都市：7 公畝	都市：1.5 公畝 非都市：3.5 公畝	都市：3 公畝 非都市：7 公畝
	設籍對象	本人或其配偶、直系親屬	本人或其配偶、直系親屬	本人或其配偶、直系親屬
	設籍及持有期間	不限	連續 6 年	不限
	擁有房地戶數	不限	本人＋配偶＋未成年子女，名下總計僅有一戶	不限
	用途	自用，出售前 1 年不得有出租或營業情形	自用，出售前 5 年不得有出租或營業情形	自用，出售前 1 年不得有出租或營業情形
可使用次數		一次	無限	無限
新舊土地買賣價格		不限	不限	新屋＞舊屋
買賣完成期限		不限	不限	2 年內

※1公畝＝30.25坪。

4

好厲害的國稅局，買賣金額瞞不過
〈實價登錄與實價課稅〉

　　2015 年 6 月 5 日立法院三讀通過「房地合一」的所得稅法修正案，將數十年來房地買賣獲利時，房屋應稅而土地免稅之房地分開計稅方式，改採房屋與土地均「應稅」之房地合一課稅。

　　這一項重大改革從 2016 年 1 月 1 日起正式實施，而課稅嚴峻的奢侈稅（特種貨物及勞務稅）中的房地部分並同時退場，對個人或公司買賣不動產到底增加多少稅負？

　　2013 年有一則新聞曾報導，國庫日益拮据，加上當時實價登錄上路剛滿一年，房仲業者透露，國稅局要求實價申報的案件有增加趨勢，使豪宅屋主更成為重災區。甚至有民眾以總價 8,000 萬出售大安區豪宅，原以評定現值申報交易所得，結果國稅局以實價登錄為本，要求補稅，稅金從大約 28 萬暴增到 240 萬，差距近 9 倍，屋主欲哭無淚。

　　不動產實價登錄自 2012 年 8 月 1 日開始實施，規定買主或地政士或不動產經紀業者，應於辦竣買賣移轉登記後 30 日內，向主管機關申報登錄不動產交易資訊。違反將處以 3 萬到 15 萬的罰鍰，直到改正為止（見下頁圖表 4-8）。

　　不動產陸續增加稅負成本，稅負到底增加多少？以下將以臺北市大安區指標案例列表（見下頁圖表 4-9）作計算、比較，從過去房屋以部頒標準計稅、實價登錄後、奢侈稅，到新制房地合一，一窺

財政部對於不動產課稅之變化及課稅趨勢。

實價登錄前，賣房相當於送國稅局一輛賓士車

在 2016 年以前（舊制），核算財產交易所得時，應該以房屋出售時的成交價額，減掉原始取得成本，以及再減掉因取得、改良與移轉該房屋而支付的一切費用後的餘額為所得額，併入個人綜合所得總額申報。

申報財產交易所得，如果能提出交易時的成交價額及成本費用的證明文件，就應該以收入減掉成本及必要費用來核實計算；如果不能核實申報或未能提出證明文件者，被國稅局查到實際成交價額，

圖表 4-8　不動產實價登錄制重點

實施日期	2012 年 8 月 1 日
登錄時間	買賣不動產移轉登記後 30 日內。
登錄方式	至地政事務所申報登錄或線上申報登錄。
登錄項目	買賣土地、建物、停車位之實際成交價，以及租賃委託案件實際成交價等資訊。
登錄人	權利人（買方）、地政士、不動產經紀業者。
相關處罰規定	逾期或登錄不實被查獲者處 3 萬至 15 萬罰鍰，要求期限內改正，未改正者將按次處罰。
資料公開方式	除涉及個人資料外，得供政府機關利用並以區段化、去識別化方式提供查詢。

資料來源：內政部。

將依照查到的資料核定；若未能查到資料，則按財政部頒定的財產交易所得標準核定（每年每個地區都會公布標準，臺北市房屋所得額比率在 2017 年度及 2018 年度皆為 41%，高級住宅為 46%；新北市為 14% 至 35%，其他縣市可至財政部國稅局官網查詢）。

另外，關於可減掉的相關成本及費用如下：

1. 成本方面：

●取得房屋的價金。

●購入房屋達到可供使用狀態前支付的必要費用，包括契稅、印花稅、代書費、規費、監證或公證費、仲介費等。

●當初這棟房子登記在自己名下前，向金融機構借款的利息。

●取得房屋所有權後使用期間支付能增加房屋價值或效能，而且不是 2 年內所能耗竭的增置、改良或修繕費。

圖表 4-9　臺北市大安區不動產買賣案件

	出售	買進	出售減買進	房地比
土地－實價	2.64 億	1.185 億	1.455 億	
房屋－實價	6,600 萬	3,950 萬	2,650 萬	
總價－實價	3.3 億	1.58 億	1.72 億	
土地－公告現值	6,400 萬	1,950 萬	4,450 萬	80%
房屋－評定現值	1,600 萬	650 萬	950 萬	20%
總價－現值	8,000 萬	2,600 萬	5,400 萬	100%
所得額標準	41%	土地增值稅	1,100 萬	
所得額標準－豪宅	46%	仲介等費	1,000 萬	

2. 移轉費用方面：

為出售房屋支付的必要費用，包括仲介費、廣告費、清潔費、搬運費等。

取得房屋所有權後，在出售前所繳納的房屋稅、管理費及清潔費、金融機構借款利息等，都是屬於使用期間的相對代價，不得列為成本或費用減除。我把上述內容整理在圖表 4-10。

回到前面臺北市大安區不動產買賣案件（見圖表 4-9）來看，大部分的人通常會以財政部每年頒布的標準來申報房屋交易所得稅，在未被國稅局查到房屋買價及賣價時，計算方式為：

用房屋評定現值 1,600 萬，乘以臺北市高級住宅財產交易所得標準 46%（2018 年），得出房屋交易所得 736 萬，併入綜合所得總

圖表 4-10　房地合一前（2016 年前），房屋交易所得稅規定

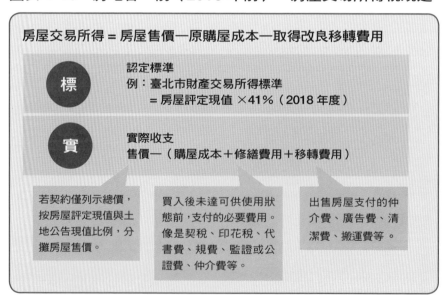

房屋交易所得 ＝ 房屋售價—原購屋成本—取得改良移轉費用

標　認定標準
例：臺北市財產交易所得標準
＝ 房屋評定現值 ×41%（2018 年度）

實　實際收支
售價—（購屋成本＋修繕費用＋移轉費用）

若契約僅列示總價，按房屋評定現值與土地公告現值比例，分攤房屋售價。

買入後未達可供使用狀態前，支付的必要費用。像是契稅、印花稅、代書費、規費、監證或公證費、仲介費等。

出售房屋支付的仲介費、廣告費、清潔費、搬運費等。

額後，適用綜所稅最高稅率 40％，在不考慮累進差額的狀況之下，該筆房屋出售所得，應課 294 萬的所得稅（見圖表 4-11）。相當於賣該棟房子，要送一輛賓士車給國稅局。

如果是個人非居住者，所得計算方式與前面相同，但最後稅率用 20％扣繳（見第一章第 8 節），房屋出售所得應課 147 萬的所得稅（見圖表 4-12）。

圖表 4-11　實價登錄前，會怎麼計算居住者的不動產交易所得稅？

未查得房屋買賣價	部頒標準
房屋評定現值	1,600 萬
✕ 所得額標準－豪宅	46%
房屋交易所得	736 萬
✕ 所得稅率	40%
所得稅	294 萬

圖表 4-12　實價登錄前，會怎麼計算非居住者的不動產交易所得稅？

未查得房屋買賣價	部頒標準
房屋評定現值	1,600 萬
✕ 所得額標準－豪宅	46%
房屋交易所得	736 萬
✕ 所得稅率	20%
所得稅	147 萬

實價登錄後，影響多少不動產交易所得稅？

前面提及國稅局若查到實際成交價額，將依照查到的資料核定，而在 2012 年 8 月以前，因為國稅局很難掌握實際成交額，所以大家仍用所得額標準去申報較低的稅。

然而，從 2012 年 8 月開始實施實價登錄後，不論是誰，光上網便能查得到你這間房子附近的實價登錄行情，若被國稅局抓到，就會要求重新計算核定所得及稅額。

下面同樣以臺北市大安區不動產買賣案件（見圖表 4-9）來各別說明，面對 3 種狀況，該怎麼計算不動產交易所得稅。

1. 僅查得房屋賣價，不動產買賣合約無房地比。

如果是在 2012 年 8 月以前買的房子，之後在 2012 年 8 月賣掉，那麼國稅局掌握 2012 年 8 月實價登錄之後，賣掉房屋加土地的總成交價 3.3 億，卻不知買進房屋時的價格，再加上你不給他不動產買賣合約書，國稅局也無法得知房屋的部分是占多少價格，所以就會用賣掉房屋加土地的總成交價 3.3 億，乘以房屋占比 20%（房屋評定現值 1,600 萬 ÷〔房屋評定現值 1,600 萬＋土地公告現值 6,400 萬〕），得出歸屬於房屋的收入（不含土地）6,600 萬。

6,600 萬再乘上財政部規定的純益率[5]15%，計算出財產交易所得額為 990 萬，併入綜合所得總額後，再乘上適用最高稅率 40%

---

[5] 純益率＝所得利潤÷收入，所以用房屋收入乘以純益率，可得出房屋所得。

後，應課所得稅 396 萬。比之前用財政部頒布的所得額標準，多繳了 102 萬，相當於多送國稅局一輛豐田（TOYOTA）高階的汽車。

2. 查得房屋買賣價，不動產買賣合約無房地比。

如果房屋買賣的時間皆在 2012 年 8 月實價登錄之後，那麼國稅局除了能查到該房賣掉時的成交價，也大約能掌握買價了。

這麼一來，就算不動產買賣合約中沒有註明房地比，計算所得的方式便極可能用房地買賣價差 1.72 億（出售的成交價 3.3 億－買進時的成本成交價 1.58 億），減掉土地增值稅 1,100 萬及仲介費等費用 1,000 萬後，得出房地交易所得 1.51 億。

1.51 億再乘以房地比 20%，得出房屋交易所得 3,020 萬，接著併入綜合所得總額後，再乘上適用最高稅率 40%，應課所得稅 1,208 萬。比之前用財政部頒布的所得額標準，多繳了 914 萬，相當於多送國稅局一輛保時捷（Porsche）911 GT3 的跑車。

3. 查得房屋買賣價，不動產買賣合約有房地比。

若不動產買賣合約中都有註明購買及販賣時的房地比，那麼會用房屋部分價差 2,650 萬（出售房屋部分的價格 6,600 萬，減掉買進時的價格 3,950 萬），再減掉仲介費等屬於房屋部分的 200 萬（費用總額 1,000 萬 × 20% 房地比）後，可以得出房屋交易所得 2,450 萬。

房屋交易所得 2,450 萬併入綜合所得總額後，再乘上適用最高稅率 40%，應課所得稅 980 萬。比之前用財政部頒布的所得額標準，多繳了 686 萬，相當於多送國稅局一輛保時捷 911 Carrera 的跑車。

如果是個人非居住者面對上述 3 種狀況，所得計算方式與前面

相同，但稅率用 20% 扣繳，應課 198 萬、604 萬、490 萬的所得稅（見圖表 4-14）。

由於實價登錄後，國稅局能掌握鄰近不動產成交行情，若依財

圖表 4-13　實價登錄後，怎麼計算居住者的不動產所得稅？

僅查得房屋賣價合約無房地比		查得房屋買賣價合約無房地比		查得房屋買賣價合約有房地比	
房地總成交額	3.3 億	房地買賣價差	1.72 億	房屋部分價差	2,650 萬
× 房地比	20%	一土地增值稅	1,100 萬	一仲介等費	
歸屬房屋收入	6,600 萬	一仲介等費	1,000 萬	× 房地比	
× 部頒純益率	15%	× 房地比	20%	一歸屬房屋費用	200 萬
財產交易所得	990 萬	財產交易所得	3,020 萬	財產交易所得	2,450 萬
× 所得稅率	40%	× 所得稅率	40%	× 所得稅率	40%
所得稅	396 萬	所得稅	1,208 萬	所得稅	980 萬

政部頒標準所申報的房屋交易所得明顯過低，國稅局將來函詢問，並可能依實際行情調整稅金。這點必須有心理準備，請務必小心。

圖表 4-14　實價登錄後，怎麼計算非居住者的不動產交易所得稅？

僅查得房屋賣價合約無房地比		查得房屋買賣價合約無房地比		查得房屋買賣價合約有房地比	
房地總成交額	3.3 億	房地買賣價差	1.72 億	房屋部分價差	2,650 萬
× 房地比	20%	一土地增值稅	1,100 萬	一仲介等費	
歸屬房屋收入	6,600 萬	一仲介等費	1,000 萬	× 房地比	
× 部頒純益率	15%	× 房地比	20%	一歸屬房屋費用	200 萬
財產交易所得	990 萬	財產交易所得	3,020 萬	財產交易所得	2,450 萬
× 所得稅率	20%	× 所得稅率	20%	× 所得稅率	20%
所得稅	198 萬	所得稅	604 萬	所得稅	490 萬

5

壓垮不動產的最後一根稻草
〈房地合一稅〉

　　房地合一稅新制於 2016 年開始實施，大家都知道將會讓不動產的交易所得稅增加許多，所以我在 2015 年受邀到非常多場合，做房地合一稅的專題演講。

　　照理說，不動產的稅負成本增加，建設公司、不動產代銷或仲介業應該不會想邀請我來為他們的客戶演講才對，但是這些不動產業者很精明，他們認為，就是因為 2016 年才要開始實施，所以房屋最佳買進的時機就是 2015 年！

　　我們把時光拉回到 2015 年的 12 月 25 日，聖誕節當天，某不動產業者舉辦了大型的客戶說明會，邀請某會計師演講房地合一稅。在這位會計師講完後，業務代表上臺大聲問聽眾：「你們看，房地合一稅明年開始實施，所以什麼時候是最佳買進時機？」旁邊一堆業務鼓譟大家回答：「現在就是最佳買進時機！」

　　假設你非常有錢，買下這一戶根本是九牛一毛，就像玩大富翁一樣，走到每一格都會想買下該格標示的土地及房屋，在不考慮房價未來漲跌等其他因素，你會當場簽約嗎？

　　首先，房地合一稅適用範圍有：個人或營利事業交易的房屋、土地。時間上包含：

1. 於 2016 年 1 月 1 日以後取得。

2. 於 2014 年 1 月 2 日以後取得的房屋、土地，而且持有期間在 2 年以內。

根據上述的時間取得的房屋、土地應依照房地合一相關規定課徵所得稅[6]。其中，第 2 點是為了避免因奢侈稅不動產部分退場，使原本持有期間未滿 2 年者反而可少繳稅，所以加訂這一條。

基本上，個人計稅方式為房屋土地交易所得，再減除當次交易依《土地稅法》規定計算的「土地漲價總數額」（即計算土地增值稅的基礎，詳見第四章第 3 節）後，乘上各段稅率，其計算公式如下：

土地漲價總數額＝申報土地移轉現值－原規定地價或前次移轉時所申報之土地移轉現值 ×（臺灣地區消費者物價總指數 ÷100）－（改良土地費用＋工程受益費＋土地重劃負擔總費用）

買賣取得之房地所得稅＝（房地售價－買進成本－費用－土地漲價總數額）× 稅率

稅率的部分，房地合一稅制分境內外居住者繳納。境內居住者依房屋持有的期間，如果持有超過 10 年，稅率 15%；持有 10 年以內超過 2 年，稅率 20%；持有 2 年以內超過 1 年，稅率 35%，若持有 1 年以內就賣掉，稅率高達 45%。

如果你是非居住者，就只有兩種稅率，不動產持有期間 1 年以

6《所得稅法》第4-4條、第14-4條～14-8條、第24-5條。

內的話，稅率45%；持有期間超過1年則稅率35%。這邊可以發現，房地合一稅對外國人（非居住者）非常不利，如果你持有一間不動產超過10年、30年，甚至是100年，稅率仍然是扣繳35%（見圖表4-15），而且這樣乘下來的稅金將會非常驚人，是不是很不公平？

　　另外，若為繼承而取得的不動產，成本以繼承時價計算，其計算公式如下：

> 繼承取得之房地所得稅＝（房地售價－繼承時房屋評定現值與土地公告現值合計數－費用－土地漲價總數額）× 稅率

　　過去許多人透過贈與不動產後，再售出而取得現金，是因為不動產贈與稅僅依土地公告現值及房屋評定現值的10%至20%課稅。但根據房地合一稅規定，若房地為繼承或受贈取得者，以繼承或受贈時的土地公告現值及房屋評定現值，按物價指數調整後的價值為原始取得成本，這將使受贈者的房地交易所得大幅增加。

圖表4-15　房地合一稅稅率

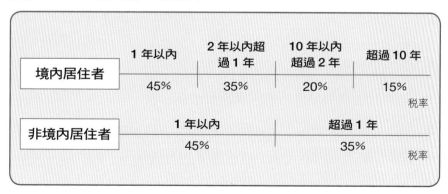

	1年以內	2年以內超過1年	10年以內超過2年	超過10年
境內居住者	45%	35%	20%	15% 稅率

	1年以內	超過1年
非境內居住者	45%	35% 稅率

因此，建議先多比較受贈人出售不動產的高額所得稅，也許贈與房地方式的總稅負（贈與稅＋受贈人之後出售房屋的所得稅）不見得比贈與現金方式所繳的贈與稅還低，應重新評估，做好節稅的布局（詳細案例可參考第三章第 2 及第 4 節）。

房地合一稅怎麼節稅？

你看到這裡或許會好奇，實施房地合一稅後到底怎麼節稅？不用擔心，政府還有重購退稅及自用住宅優惠。

基本上，若符合**自用住宅相關條件者**，獲利金額可扣除 400 萬免稅額（即房地合併獲利 400 萬以下免稅）。而且出售獲利超過免稅額者，採單一稅率 10％。這麼一來，房地合一稅並不會加重你的稅負，就算有也能用重購退稅的優惠制度（重新再購買一間房子，可以退回之前所繳的所得稅）。

房地合一稅自用住宅適用條件：

1. 個人或其配偶、未成年子女辦竣戶籍登記。

2. 持有並居住於該房屋連續滿 6 年。

3. 交易前 6 年內，無出租、供營業或執行業務使用。

4. 個人與其配偶及未成年子女於交易前 6 年內未曾適用本項優惠規定。

自用住宅房地所得稅的計算公式如下：

> 自用住宅房地所得稅＝（〔**房地售價－買進成本－費用－土地漲價總數額**〕－ 400 萬）× 10％

　　舉例來說，小資女沈杏仁在 2016 年 1 月 1 日，以 1,000 萬買進了距離公司騎車半小時內即可到達的房子，作為自用住宅使用，並在 2026 年 1 月 2 日以 2,000 萬出售。

　　因為沈杏仁持有該房產期間，符合房地合一稅制對自用住宅的各項要件，所以假設她的售屋獲利 1,000 萬，減除 80 萬仲介費等相關費用、土地漲價總數額 160 萬、400 萬免稅額後，相當於淨額 400 萬再按 10% 的優惠稅率，得繳納 40 萬的售屋所得稅，其計算如下：

> 自用住宅房地所得稅＝（1,000 萬－ 80 萬－ 160 萬－ 400 萬）×10%＝ 40 萬

　　另外，自用住宅重購退稅的租稅減免仍然適用，退稅原則與之前類似，即無論是先買後賣，或是先賣後買，只要買屋及賣屋之時間（以完成移轉登記之日為準）差距在 2 年以內，而且符合所得稅法有關自住房屋、土地的規定，即可申請重購退稅，按重購價額占出售價額的比例，退還其依規定繳納的稅額。

　　先買後售者，可於出售房地時之應納稅額內扣抵；先售後買者，則可於重購房地完成移轉登記之次日起 5 年內，申請自繳納稅額內退還。

　　重購退稅之退還金額分為：小屋換大屋（即重購的房屋價格高於出售價），全額退稅；大屋換小屋，比例退稅。換小屋的比例退稅額計算公式如下：

> 換小屋的比例退稅額＝房地合一稅 ×（新屋購入價格 ÷ 舊屋出售價格）

　　舉例來說，秦子奇於 2017 年購入 A 屋，售價 1,000 萬（假設以下房屋皆符合自住房屋、土地規定），在 2027 年出售 A 屋，售價 2,000 萬，獲利 1,000 萬，土地漲價總數額 0，減掉免稅額 400 萬，再乘以稅率 10％，他得繳納房地合一稅 60 萬，其計算如下：

> 自用住宅房地所得稅＝（1,000 萬－ 400 萬）×10%＝ 60 萬

　　秦子奇後來又於 2028 年購入 B 屋 3,000 萬（價值高於 A 屋），那他可以申請重購自用住宅退稅 60 萬。但如果 B 屋的價格為 1,500 萬（價值小於 A 屋），那麼他可以申請重購自用住宅退稅為 45 萬，其計算如下：

> 換小屋的比例退稅額＝ 60 萬 ×（1,500 萬 ÷2,000 萬）＝ 45 萬

　　注意，若重購後 5 年內改作其他用途或再行移轉，將被國稅局追繳原扣抵或退還之稅額。

　　比較一下各國的不動產交易所得稅率，從圖表 4-16 中不難看出為何臺灣會訂稅率在 10％至 45％（自用住宅 10％，一般稅率 15％至 45％）。

　　在過去出售不動產，房屋獲利部分應併入綜合所得總額課稅。

然而，實施房地合一後，個人出售房地所得改採「分離課稅」，不再併入個人綜合所得稅（不在次年 5 月申報），由賣方「辦完移轉登記」（過戶日）次日起 30 天內，檢附申報書、買賣契約書影本、繳稅收據、費用單據及其他有關文件，向國稅局申報繳納房地合一的利得稅（注意，出售房地不論盈虧、不論有無應納稅額，皆須向國稅局申報）。

還記得我一開頭介紹不動產業者在 2015 年聖誕節，請會計師演講房地合一稅新制的故事嗎？只要在 2016 年前買房子，而且持有 2 年以上，該房地出售所得即能適用舊制。再思考一下，如果是你會當場簽約嗎？

俗話說「魔鬼就藏在細節裡」，房地合一的課稅方式有一個重點，就是辦完移轉登記（過戶日）次日起，30 天內要申報繳稅。那麼問題來了，你知道中華民國政府過戶的作業時程嗎？平均要 21 ～

圖表 4-16　各國房產利得稅一稅率

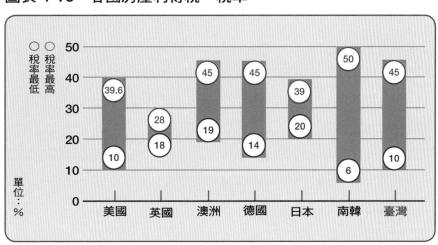

42 天！所以如果你在 2015 年 12 月 25 日簽約，實際上過戶完成日，應該會落在 2016 年，一定得適用新制。

正確來說，應考慮買賣簽約與過戶的冗長時程，只要在 2016 年 1 月 1 日前完成過戶，而且持有 2 年以上，該房地出售所得即能適用舊制。

回顧我自己在 2015 年的演講行程，由於我擔心消費者會被誤導而做了錯誤的決策，所以當時就算不動產業者給我再高的演講費酬勞，我也一概婉拒。

虧損扣抵：3年

個人出售房地產發生虧損時，該虧損得以以後 3 年度之房地交易所得扣除。

注意，由於土地漲價總數額不是房地成本費用，在計算出售房地產是否虧損的公式，並不能扣除土地漲價總數額。

另外，不管是房地合一新制還是舊制，如果出售房產有損失，都可享有 3 年的抵稅權。但分別按新、舊稅制計稅的房地交易所得與損失不能互抵，抵扣範圍僅限於相同稅制的交易損失。為什麼？

因為新舊制適用的課稅方式不同，現行的舊制是將房屋和土地分開課稅（所得稅、土地增值稅），但房地合一新制，維持原有的土地增值稅，房屋、土地的利得必須合併課徵所得稅，依照土地稅法計算的土地漲價總數額，則可從房地收入中扣除。

舉例來說，林小姐在 2015 年 12 月出售持有滿 5 年的甲房地，售屋損失為 50 萬。因為出售時間是在 2015 年，所以適用舊制。在

2016 年房地合一新制上路後，林小姐出售了另一筆持有 1 年的乙房地，獲利 100 萬。由於兩筆房地適用的稅制不同，因此，出售甲房地損失的 50 萬不能列為出售乙房地交易所得 100 萬的扣除額。

但是，如果例子改成林小姐在 2018 年出售於 2016 年房地合一新制後所買的甲房地，售屋損失為 50 萬。2019 年出售了另一筆持有 1 年的乙房地，獲利 100 萬，那麼這 100 萬可以扣除甲房地的虧損 50 萬，以剩下的 50 萬計入房地所得課稅。

防錯殺條款

房地合一稅採實價課稅的目的，是為了打擊短期炒房客，但為了避免錯殺無辜百姓，政府有訂定防錯殺機制，將原本持有房地 2 年內就出售的情況要課 35％以上，改成只課較低的稅率，包括 2 年內非自願性買賣、合建房屋、繼承或受遺贈取得房屋的情況，詳細規定如下：

1. 非自願買賣。

因調職、非自願離職或其他非自願性因素，因為不算短期投機，所以出售持有 2 年以內的房地，稅率改扣 20％。

例如陳姓竹科工程師於 2017 年在新竹買了一間非自用住宅的房子，但 2018 年公司要他到南港軟體園區工作，因此他被迫要賣掉竹科的房子，而原本適用房地合一稅率 1 年內要課 45％，由於屬於調職非自願因素，所以用 20％來課稅即可。

2. 合建。

個人以自有土地與建商合建分售或合建分屋，自土地取得日起算 2 年內完成銷售該房屋、土地者，稅率 20%。

用自己的土地與建商合建房屋，若建商蓋房子很快，在 2 年內完成並銷售該房屋，那麼原本持有土地不到 2 年就移轉，要課 35% 以上的稅率，但政府認為這會增加房屋供給，不算短期炒作，可降低稅率用 20% 來課稅。

3. 繼承。

繼承或受遺贈取得者，可把被繼承人（或遺贈人）持有期間合併計入房地合一所規定的持有期間。

舉例來說，王先生在 2019 年賣掉於 2018 年從父親那繼承來的房子，因為他持有期間不到 1 年，應適用 45% 的稅率，然而，因為該棟房子是父親在 20 前買的，所以把被繼承人持有期間合併計算為 21 年，適用稅率降到 15%。

最後綜合上述說明，我們可以整理出 4 種免徵房地合一所得稅的情況：

1. 實施日期前買賣、實施日期前買並超過 2 年後出售。
2. 出售房地虧損。
3. 出售房地獲利小於土地漲價總數額。
4. 出售自用住宅獲利減掉土地漲價總數額後，小於 400 萬。

　　另外，農業用地、被徵收或被徵收前協議價購之土地及公共設施保留地之交易所得，免納所得稅，也免申報房地所得稅（符合《農業發展條例》第 37 條及第 38 條之 1 規定，得申請不課徵土地增值稅之土地）。而且依《農業發展條例》申請興建之農舍免納所得稅，也免申報房地所得稅。

　　回到臺北市大安區不動產買賣案件（見圖表 4-9），我們來看房地合一實施後，稅負到底增加多少？

　　房地所得稅計算方式，是直接以房屋加土地的價差 1.72 億（出售成交價 3.3 億－買進時的成本成交價 1.58 億），減除仲介費等費用 1,000 萬，再扣掉土地漲價總數額 4,450 萬（賣掉年度的土地公告現值 6,400 萬－買進年度的土地公告現值 1,950 萬），得出財產交易所得額 1.175 億。

　　稅率的部分，依房屋持有期間長短，如果超過 10 年，1.175 億乘以 15％，可以得出房地合一稅 1,763 萬；持有 10 年以內超過 2 年，乘以稅率 20％，稅金 2,350 萬；持有 2 年以內超過 1 年，乘以稅率 35％，稅金 4,113 萬；若 1 年以內就賣掉，稅率高達 45％，房地合一稅將高達 5,288 萬（見下頁圖表 4-17）。

　　比之前用財政部頒布的所得額標準，依持有期間長短分別多繳了 1,468 萬、2,056 萬、3,818 萬、4,993 萬元的稅金，相當於多送國稅局一棟房子。

　　以上 15％至 45％的稅率，是給居住者適用。若你是非居住者，就只有兩種稅率，其中一種是不動產持有期間 1 年以內的話，要乘以稅率 45％，得繳房地合一稅 5,288 萬；另一種則是持有期間超過 1 年，得乘以稅率 35％，稅金約 4,113 萬（見下頁圖表 4-18）。

房地合一稅以及不動產實價登錄，影響有多大？

最後總結房地合一稅以及不動產實價登錄，到底對我們的影響有多大？比以往的舊制多繳多少稅金？我整理了圖表 4-19，以過去 2012 年 8 月前，出售房屋大部分的人都會用部頒標準，繳交財產交易所得稅 294 萬元當作基礎，到了 2012 年 8 月以後至 2015 年的期間，國稅局以實價登錄為本，若查到你賣出房屋的實價登錄價格時，約要繳稅金 396 萬，與部頒標準 294 萬相比，稅金增加了 35%

若國稅局以實價登錄為本，不僅查到你賣出房屋的實價登錄價格，也查到你當初的買價時，約要繳到 1,208 萬元的稅金，與部頒標準 294 萬相比，稅金增加了 3 倍之多，光這樣就恐怖了吧（見圖表 4-19）！

圖表 4-17　實施房地合一稅後，豪宅居住者要繳多少稅金？

	超過 10 年	10 年以內超過 2 年	2 年以內超過 1 年	1 年以內
房地買賣價差	1.72 億	1.72 億	1.72 億	1.72 億
－仲介等費	1,000 萬	1,000 萬	1,000 萬	1,000 萬
－土地漲價總額	4,450 萬	4,450 萬	4,450 萬	4,450 萬
財產交易所得	1.175 億	1.175 億	1.175 億	1.175 億
× 稅率	15%	20%	35%	45%
房地合一稅	1,763 萬	2,350 萬	4,113 萬	5,288 萬

後來到了 2016 年開始房地合一稅實施時，連同土地及房屋皆以實際成交價的買賣獲利金額來計算，若持有房屋超過 10 年才賣掉，約要繳到稅金 1,763 萬元，與部頒標準 294 萬相比，稅金增加了 5 倍；持有 10 年以內超過 2 年，得繳 2,350 萬，與部頒標準 294 萬相比，

圖表 4-18　實施房地合一稅後，非居住者要繳多少稅金？

	超過 1 年	1 年以內
房地買賣價差	1.72 億	1.72 億
一仲介等費	1,000 萬	1,000 萬
一土地漲價總額	4,450 萬	4,450 萬
財產交易所得	1.175 億	1.175 億
× 稅率	35%	45%
房地合一稅	4,113 萬	5,288 萬

圖表 4-19　房地合一稅以及不動產實價登錄之稅負增加倍數

居住者		所得稅	增加倍數	適用年度
部頒標準		294 萬		2012 年 8 月前
實價登錄	僅查得賣價	396 萬	35%	2012 年 8 月至 2015 年
	查得買賣價	1,208 萬	3	
房地合一	超過 10 年	1,763 萬	5	
	10 年以內超過 2 年	2,350 萬	7	2016 年開始
	2 年以內超過 1 年	4,113 萬	13	
	1 年以內	5,288 萬	17	

稅金增加 7 倍;持有 2 年以內超過 1 年,繳稅 4,113 萬,與部頒標準 294 萬相比,稅金增加 13 倍;持有 1 年以內就賣掉,繳稅 5,288 萬,與部頒標準 294 萬相比,稅金增加 17 倍!

從上面房地合一稅制的稅負增加倍數看來,似乎很恐怖,但如果你是房地產短期投資人,相對於奢侈稅(特種貨物及勞務稅),出售 2 年以下的房地產,不論盈虧皆要依成交金額的 10%或 15%課稅,房地合一稅只有獲利才需繳稅,可能反而較有利。所以,應做好比較試算才能知孰高孰低。

舉例來說,陳先生 2017 年買了一棟 1,000 萬的房子,隔年 2018 年急需用錢,只好以原本的買價 1,000 萬賣掉這間房子,依照房地合一稅,這房子賣掉沒有獲利,自然不用繳到所得稅。

然而,在 2012 年(房地合一稅實施前,奢侈稅還未退場)就買的房子,同樣隔年就賣掉,那麼該筆房屋應以賣出的成交價 1,000 萬乘上 15%的稅率,課奢侈稅(即特種貨物及勞務稅)150 萬。像這個例子,就是房地合一稅只有獲利才需繳稅,反而較有利。

無論如何,切勿只為了省稅,仍應綜合考量市場房價漲跌趨勢。原本沒有近期買房的規劃卻提前購屋,說不定一買明年卻房價下跌,反而得不償失。

另外,各地方政府透過快速調高土地公告現值,逐漸趨近市價,以達到實價課稅之目標,未來不動產持有稅(房屋稅及地價稅)勢必節節升高。建議各位應回歸本質,做好專業之全方位理財試算、節稅的布局及資產配置,才不致顧此失彼、掛一漏萬。

後記
財產移轉五大策略及工具

　　為了幫助各位讀者，以合理且合法的方式節稅，以下針對個人財產移轉方式，總結出 5 大重要策略：移轉、壓縮、遞延、凍結、分散。因為資產金額越高、複雜程度越高，運用的工具也會越多。所以這 5 種策略各有好幾種方式及工具，而且皆有優點及缺點，適用的時機也不同。

　　至於常見的資產移轉的工具，我分成 6 種：分年贈與、繼承、保險、控股公司、境外公司與信託（見圖表 5-4）。以下透過 5 種財產移轉策略，來分別介紹：

策略1：移轉（Transfer）

　　將原本依《稅法》上規定為應稅的財產，透過資產配置的重新調整，轉換為免稅的財產，以降低財產稅負的風險。移轉策略較常見的有：

1. 買保險。

　　因為指定受益人的人壽保險理賠金額，不計入遺產總額項目，所以保險是資產移轉為免稅財產的絕佳方式。另外，被繼承人身後的保險理賠金額，因屬現金給付，有更加靈活的運用資金的優點，

可作為繼承人繳納遺產稅額或其他費用的支出。

保險給付大多數為免稅情況，但仍應留意投資型保單投資帳戶部分是否符合應稅財產、最低稅負制的規定（注意要保人及受益人不相同的保險給付），以及實質課稅原則的適用，切忌濫用。

2. 買農業用地。

農地有遺產稅、贈與稅、土地增值稅 3 大項免稅優點。依《遺產及贈與稅法》第 17 條規定：「遺產中作農業使用的農業用地及其地上農作物，由繼承人或受遺贈人承受者，扣除其土地及地上農作物價值的全數」。同法第 20 條規定：「作農業使用的農業用地及其地上農作物，贈與《民法》第 1138 條所定繼承人者，不計入其土地及地上農作物價值的全數」。

還有《土地稅法》第 39 之 2 條規定：「作農業使用的農業用地，移轉與自然人時，得申請不課徵土地增值稅」。

總而言之，**農地幾乎不用課稅**，惟應注意的，必須在該土地農業使用一段時間。依《遺產及贈與稅法》規定，農地承受人自承受當天起五年內，未將該土地繼續作農業使用，將被補徵稅負；依《土地稅法》規定，土地增值稅的土地承受人在具有土地所有權的期間內，被查獲未作農業使用，於再移轉時應課徵土地增值稅。

另外，若按照各縣市主管機關發布新的都市計劃，於繼承前該農業用地的地目因此變更為非農業用地，也無法適用免稅的規定。

3. 設立財團法人與公益信託。

《遺產及贈與稅法》規定，捐贈、捐助符合規定的財團法人，

不計入贈與總額與遺產總額。《所得稅法》第4條第13款規定：「教育、文化、公益、慈善機關或團體，符合行政院規定標準者，其本身的所得及其附屬作業組織的所得，免納所得稅」。

某些企業大股東成立財團法人，並捐錢給自己成立的財團法人，不僅可以節省所得稅及贈與稅，再讓財團法人回頭持有該企業股票，如此一來，財團法人所獲配的投資所得在某些條件上可以免稅。

必須注意的是，財團法人用於與其創設目的有關活動的支出，不可低於基金的每年孳息及其他各項收入60%，其所得才能免稅。另外，章程中應明定該機關團體於解散後，所剩餘的財產應歸屬該機關團體所在地的地方自治團體、或政府主管機關指定的機關團體。

額外提醒，財政部打算透過修法或解釋函令，可將原本屬於免稅的財產變更為應稅財產或部分免稅的財產，這是所謂法令變更的風險。

策略2：壓縮（Downsize）

利用特定財產的市場價值，可以透過普遍高於稅務計算用的法定價值之特性，壓縮個人財產的總額。常見的工具包括：

1. 購買依照公告現值課稅的不動產。

基本上，目前不動產的課稅價值，依照土地公告現值與房屋評定現值課稅（法定價值），而公告現值或評定現值通常低於市價許多。另外，若子女向二親等內的親戚購買不動產，但資金不足，可以用法定價值作為買賣價格，便能減少資金的壓力。

可見**不動產是壓縮財產課稅價值的良好工具**，然而，不動產的資產流動性偏低，不易變現，以至於有資金僵固的風險，若短期內有資金調度需求，則較不建議。而且不動產通常隨著景氣波動，影響房價，若景氣不好，所持有的不動產市價滑落，則可能省了稅金，虧了房價，造成個人投資損失。

近年財政部針對不動產，透過每年大幅調增土地公告現值、增加房屋稅、新增房地合一稅等手段積極課稅，持有交易不動產的稅負成本將越趨增高，包括土地增值稅、遺產稅、贈與稅、交易所得稅、房屋稅等。

2. 持有依照股東權益淨值課稅的未上市櫃股票。

《遺產及贈與稅法》施行細則第 29 條規定：「未上市、未上櫃且非興櫃的股份有限公司股票，應以繼承開始日或贈與日該公司的資產淨值估定」。而經營良好的未上市櫃公司，例如高科技公司產業未來行情看漲，其股票的價值通常高於公司淨值，所以移轉未上市櫃公司股票有壓縮資產的效益。

若第二代以公司股票淨值向第一代購買股權，除了可降低購買成本，還可讓第二代共享公司未來的經營利益。一旦股權移轉到第二代，未來公司的盈餘便能自然而然的歸屬於第二代，等於終止財產孳息繼續膨脹。

因為未上櫃公司通常是私人家族企業，可以自由決定何時發放盈餘，所以若當年度選擇將盈餘保留在公司帳上，且由於個人綜合所得稅屬於收付實現制（按：是以收到現金或付出為標準，來記錄收入的實現和費用的發生），對股東而言，等到未來實際發放盈餘

時，才需要繳稅，因此也有遞延課稅的優點。

　　至於以未上市櫃股票移轉資產的缺點及注意事項，最大的問題莫過於財產交易所得稅（按：指出售或交換財產及權利的所得）。如果是移轉有價證券（按：上市櫃公司必有有價證券，指具有一定價格和代表某種所有權或債權的憑證，包括股票和債券），只要繳納證券交易稅即可，目前政府停徵證券交易所得稅，而未上市櫃公司，若沒有請金融機構將股票簽證，即非屬有價證券。因此，移轉非有價證券股票則須依照價差計算，並繳納財產交易所得稅（5%～40%）。故，若評估未來出售股票獲利很大，建議可去金融機構辦理股票簽證，成為有價證券。

　　另外，就遺產贈與稅來看，未上市櫃公司帳上若有不動產、轉投資上市櫃公司股票，財政部得重估資產，不動產部分調高至贈與日或死亡日的公告現值（可扣除土地增值稅準備）；轉投資上市櫃公司的部分，則調高至移轉日的收盤價，另累積未分配盈餘，並按稅捐機關過去所核定的金額為準。

3. 運用他益信託。

　　信託契約中的委託人與受益人不相同時，稱為他益信託，須課徵贈與稅。信託財產贈與價值的認定，在受益人未享有信託全部利益的情況，採用折現價值，即以郵政儲金匯業局一年期定期儲金固定利率，折現計算，大幅壓縮贈與金額。

　　因目前是低利率時代，郵匯局一年定存利率為 1.04%（2019年），故折現估算的贈與價額甚低，1 億財產的本金自益孳息他益的 2 年信託，折現後的價值原則上可在 220 萬的贈與免稅額度內，

具有良好的贈與稅節稅效益，其計算如下：

> 贈與金額 =1 億—（1 億 ÷[1+1.04%]^2）= 2,047,996

策略3：遞延（Deferral）

在應稅時點爭取延緩課徵或繳稅的機會，並利用其延遲的時間，將應納稅額的資產做更有利的投資或規劃。常見的方式包括設立控股公司。

由個人成立公司，並以其公司名義持有其他公司的股權，稱為控股公司。因控股公司所賺取的盈餘，可透過股東會決議選擇保留在公司帳上，不需要在獲配股利的當年度，立刻分配給股東，故具有遞延原始股東應繳納所得稅負的特性。並且，依《所得稅法》第42 條規定：「公司組織之營利事業，因投資於國內其他營利事業，所獲配之股利淨額或盈餘淨額，不計入所得額課稅」（見圖表5-1）。

而且，個人有許多費用無法於綜合所得稅中扣除，控股公司則可以認列費用，如薪資、旅費、水電瓦斯、汽車折舊及利息費用等，可以降低營利事業所得稅。控股公司若屬於未上市櫃公司，則有如之前所述「壓縮」效果的好處。

利用控股公司節稅要注意的是，如果當年度不分配公司盈餘，須繳納未分配盈餘加徵 5％營所稅。另外，控股公司若未發行有價證券，股東移轉股權將有財產交易所得併入綜合所得稅的疑慮。

另一項風險，則是原始股東先前投資的獲配股利金額，已適用綜合所得稅較高的稅率，並且對公司的盈餘分配有重大影響力，才

來設立控股公司以節省所得稅，將容易被國稅局以實質課稅原則來稽查補稅。

策略4：凍結（Freeze）

高資產所有權人，可以透過本金自益、孳息他益的信託的方式，將個人名下財產衍生的孳息移轉給第二代，以凍結固定個人資產的金額，避免本金配發的孳息膨脹個人總財產數額，而逐年增加稅負

圖表 5-1　設立控股公司，可遞延所得稅負

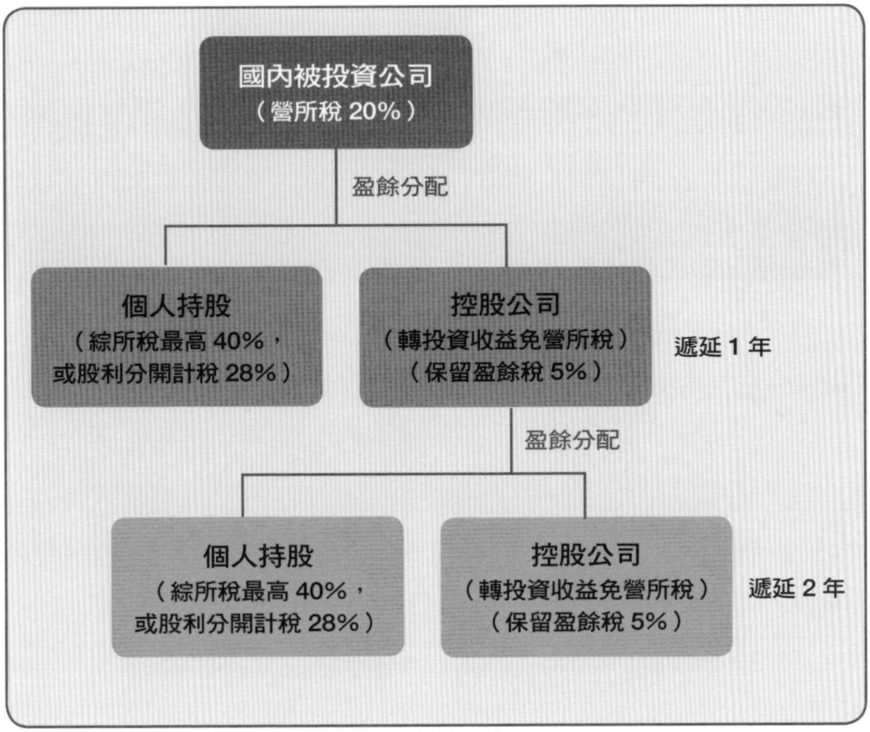

的風險。

信託契約中的委託人將信託財產孳息部分，以他人為受益人，故須課徵贈與稅，但因簽約時對於未來的配息狀況並不確定，故財政部規定應按郵局一年期定期儲金年利率折現，計算其孳息的價值。因本金所孳生的利息依信託契約歸屬於受益人，不再配發到委託人身上，故有凍結個人資產的好處。

不過必須注意，在低利率時期及孳息配發到適用所得稅率較低的受益人身上，才能享有所得稅節稅效益。

假設郵局一年期定期儲金年利率為 1%，某甲交付 5,000 萬進行「本金自益、孳息他益」的信託，信託期間 3 年，則本金現值是 4,853 萬，再用最初繳的 5,000 萬扣除，可得到信託利益 147 萬。因為該筆金額低於贈與稅免稅額 220 萬，所以不用繳納贈與稅（見右頁圖表 5-2）。

應注意的，是關於股權信託契約，委託人經由股東會、董事會等會議資料知道被投資公司將分配盈餘後，才簽訂孳息他益的信託契約；或委託人對被投資公司盈餘分配具有控制權，在簽訂孳息他益的信託契約後，會藉由公司盈餘分配，將訂定信託契約時該公司累積的未分配盈餘，以信託形式為贈與，並據以辦理贈與稅申報。

由於在訂定信託契約時，已明確知道該盈餘，並非訂定信託契約後，受託人在信託期間管理受託股票產生的收益，所以委託人以信託形式贈與該部分孳息，實質上等同委任受託人領取孳息再贈與受益人。

而且依實質課稅原則，該部分孳息仍屬委託人的所得，應於所得發生年度併入委託人所得總額課徵綜合所得稅。之後受託人交付

圖表 5-2　本金自益、孳息他益的信託要如何節稅？

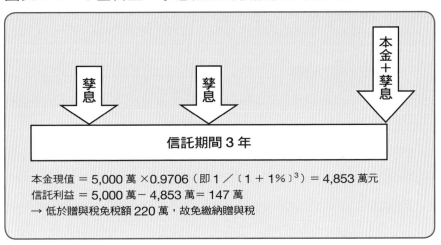

該部分孳息與受益人時，則應依法課徵委託人贈與稅。

策略5：分散（Diversification）

　　採用穩健合理的方式，分段移轉財產，可以降低個人名下財產的金額，而且一方面可以增加第二代可運用的資產、一方面也可降低個人遺產稅負的風險。常見的分散方式有：

1. 分年贈與。

　　分年贈與是最簡單、最普遍的財產移轉策略。依現行遺贈稅法規定，夫妻間相互贈與免稅；父母每人每年有 220 萬的贈與免稅額，此外，子女婚嫁時享有父母各 100 萬的贈與免稅額度。

　　透過贈與稅基本免稅額，分年將資產移轉給第二代，甚至是贈

與給下一代高壓縮價值的財產，逐年「分散」遺產總額，自然就能降低遺產及贈與的稅負（見圖表 5-3）。

2. 二親等間的買賣

親屬間可透過訂定以財產法定價值（通常比市價低）為移轉價格的買賣，迅速移轉財產，也能節省贈與稅負。

雖然稅法規定，父母與子女之間二親等買賣，視同贈與的行為。然而，如果能提出支付價款的證明（子女自有資金、過去的分年贈與），而且已支付的價款非由出賣人貸與或提供擔保，父母也無將取得的價款返還子女的情形，則可視為買賣行為，不須課徵贈與稅。

另外，非屬贈與行為的二親等間買賣，不適用《遺產及贈與稅法》第 15 條擬制財產的規定，所以沒有死亡前 2 年內，贈與二親等

圖表 5-3　夫妻間贈與財產或分散移轉給第二代，皆有降低個人遺產稅負的風險

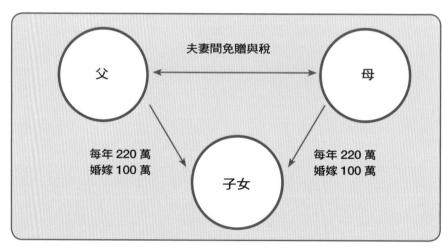

內親屬應併入遺產課稅的風險。

特別注意的是，不動產買賣的價格若低於土地公告現值加房屋評定現值、上市櫃股票的買賣金額低於收盤價、未上櫃股票的買賣金額低於公司淨值，必須就差額部分繳納贈與稅。此外，每年贈與子女的存款，如父母經常任意動用，未來該資金在用來置產時，將不被承認為子女的資金，進而被徵收贈與稅。

3. 善用配偶剩餘財產差額分配請求權。

前英業達集團副董事長溫世仁過世時，初步估計應納遺產稅高達五十餘億元，創下臺灣史上紀錄，當時他的夫人主張「配偶的剩餘財產差額分配請求權」，所以遺產總額扣除請求權分配的金額後，省下了巨額的遺產稅。

依《民法》第 1030-1 條的規定：「消滅法定財產的關係時，丈

圖表 5-4　資產移轉的六大工具

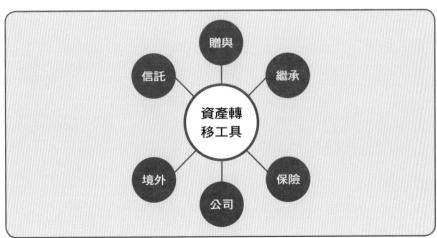

夫或妻子現存的婚後財產，扣除婚姻關係存續所負債務後，如有剩餘，其雙方剩餘財產之差額，應平均分配」。

另外，配偶的剩餘財產差額分配請求權和繼承權是兩種不同的權利，因此配偶在主張完此權利後仍可和子女共同享有繼承權。

由於分散分段移轉，時間成本及規費成本皆會逐年增加，每年應檢討財產增減及持續做好節稅的布局。

國家圖書館出版品預行編目（CIP）資料

節稅的布局：搞懂所得稅、遺產稅、贈與稅與房地合一
稅，你可以合法的少繳稅，甚至一輩子不繳稅。／胡碩匀
著. -- 初版. -- 臺北市：任性， 2019.04
272面 ；17×23公分. --（issue；007）
ISBN 978-986-97208-1-6（平裝）

1.租稅　2.節稅

567.01　　　　　　　　　　　　　　108002617

issue 007

節稅的布局

搞懂所得稅、遺產稅、贈與稅與房地合一稅，
你可以合法的少繳稅，甚至一輩子不繳稅。

作　　　者／胡碩勻
責任編輯／陳薇如
美術編輯／張皓婷
副總編輯／顏惠君
總　編　輯／吳依瑋
發　行　人／徐仲秋
會　　　計／林妙燕
版權主任／林螢瑄
版權經理／郝麗珍
行銷企劃／徐千晴
業務助理／王德渝
業務專員／馬絮盈
業務經理／林裕安
總　經　理／陳絜吾

出　版　者／任性出版有限公司
營運統籌／大是文化有限公司
　　　　　臺北市 100 衡陽路7號8樓
　　　　　編輯部電話：（02）23757911
　　　　　購書相關諮詢請洽：（02）23757911 分機122
　　　　　24小時讀者服務傳真：（02）23756999
　　　　　讀者服務E-mail：haom@ms28.hinet.net
郵政劃撥帳號 19983366　戶名／大是文化有限公司

法律顧問／永然聯合法律事務所
香港發行／里人文化事業有限公司 "Anyone Cultural Enterprise Ltd"
　　　　　地址：香港新界荃灣橫龍街78號正好工業大廈22樓A室
　　　　　22/F Block A, Jing Ho Industrial Building, 78 Wang Lung Street, Tsuen Wan, N.T., H.K.
　　　　　電話：（852）24192288　傳真：（852）24191887
　　　　　Email：anyone@biznetvigator.com

封面攝影／吳毅平　　　　　　　　　　　　　　　　Printed in Taiwan
封面設計／王信中
內頁排版／江慧雯
印　　　刷／鴻霖印刷傳媒股份有限公司
2019年4月 初版一刷
2019年8月 初版四刷
定　　　價／新臺幣 380 元（缺頁或裝訂錯誤的書，請寄回更換）
ISBN　978-986-97208-1-6